Julius · Von feinen und von kleinen Leuten

Informationen für Jugendliche

Herausgegeben von Ulrich Tschirner

Dieser Band entstand mit freundlicher Unterstützung des Kunstpädagogischen Zentrums im Germanischen Nationalmuseum Nürnberg

Cornelia Julius

Von feinen und von kleinen Leuten

Alltagsgeschichte in Lebensberichten aus den Jahren 1918–1931

Beltz Verlag · Weinheim und Basel 1981

CIP-Kurztitelaufnahme der Deutschen Bibliothek

Julius, Cornelia:
Von feinen und von kleinen Leuten : Alltagsgeschichte in Lebensberichten aus d. Jahren 1918 - 1931 / Cornelia Julius. - Weinheim ; Basel : Beltz, 1981.
(Informationen für Jugendliche)
ISBN 3-407-84015-2
NE: GT

Gesamtherstellung: Beltz Offsetdruck, 6944 Hemsbach über Weinheim
Redaktion: Ulrike Reverey
Umschlaggestaltung: D. Zembsch, München
Photos und Quellen: Sammlung der Autorin, sofern nicht anders angegeben.
Printed in Germany

ISBN 3 407 84015 2

Inhaltsverzeichnis

„Davon steht ja nichts in unseren Geschichtsbüchern“

Vorwort des Herausgebers

Zum erstenmal las ich die Lebensberichte in der „KPZ-Zeitung“. Diese Zeitung wird vom Kunstpädagogischen Zentrum im Germanischen Nationalmuseum, Nürnberg, herausgegeben. Dem KPZ danke ich hier ausdrücklich für die Unterstützung bei der Herausgabe dieses Bandes.
Was mich sofort an den „Lebensberichten“ faszinierte, war die Tatsache, daß ich Dinge über eine Zeit erfuhr, von der ich in den Geschichtsbüchern ganz Anderes gelesen hatte. Da war nichts zu erfahren von den großen dramatischen Ereignissen, die in den Geschichtsbüchern über die „Weimarer Republik“ stehen. Stattdessen, der nackte Existenzkampf in der Arbeiterfamilie und die „Sorge um das Hauspersonal“ in der Bürgerfamilie! Das Zweite, das mir auffiel, waren die enormen Unterschiede in den Lebensweisen der beiden Frauen, von deren Alltag berichtet wird. „Klassengegensätze“ – dieser Begriff wird in der Regel für die Zeit des Frühkapitalismus verwendet – erscheinen hier nicht als abstrakter Begriff; in den Berichten werden Klassengegensätze ziemlich nachvollziehbar, geschildert nach den Erfahrungen von Frauen, die heute noch leben.
Und schließlich verblüffte mich der Kontrast zwischen dem was die Frauen, hier vor allem Marga S., über ihren Alltag berichten und dem, was in den Büchern und Zeitschriften berichtet wird. Man muß nur einmal die guten Ratschläge für die Hausfrau aus dem Arbeiterstand mit der Lebenswirklichkeit der Marga S. vergleichen!
Wenn man die Lebensberichte liest, dann kann man sich des Verdachtes nicht erwehren, daß das, was uns so im allgemeinen als Geschichte vorgesetzt wird, mit dem Alltag unserer Vorfahren, so gut wie nichts zu tun hat. Erst in jüngster Zeit hat das Interesse für

Alltagsgeschichte zugenommen. Man beginnt zu begreifen, daß Geschichte nicht nur aus Schlachten, Konferenzen und Verträgen besteht. Und wenn man jetzt noch darauf kommt, daß die meisten unserer Vorfahren eben nicht Wallenstein oder Buddenbrook hießen, wenn man also die Geschichte(n) der Grete N. und Marga S. in den Vordergrund stellt, dann ist das mehr als eine Mode, eine Nostalgie-Welle, dann könnte das Wissen um Vergangenes wieder einen Sinn für uns Heutige haben.
Wie fragte Brechts lesender Arbeiter: „Wer baute das siebentorige Theben …?"

Siedelsbrunn, Frühjahr 1980 — Ulrich Tschirner

Einleitung

Wie die Lebensberichte entstanden sind

In den folgenden Lebensberichten sind die Erinnerungen älterer Leute an ihre Kindheit festgehalten. Jeder Bericht beschreibt den Alltag einer Familie. In diesem Buch sind 3 Lebensberichte zusammengefaßt:
Im ersten ist der Alltag einer „höheren Tochter“, der Margareta N. (genannt: „Grete“), beschrieben.
Der zweite Bericht, Marga S., beschreibt den Alltag der ältesten Tochter einer kinderreichen Arbeiterfamilie.
Der dritte Bericht führt in die Familie eines Handwerkers, in der Marga 1931 – als 13jährige – Hausangestellte wird.
Jeder Lebensbericht besteht aus 3 verschiedenartigen Mitteln der Darstellung:
1. einem zusammenhängenden *Autorentext,*
2. einer Auswahl alter *Familienfotos,*
3. eingefügten *zeitgenössischen Zitaten.*
Der Autorentext ist aus mehrtägigen Gesprächen mit jeweils einer Person (hier: mit Marga S. und Grete N.) entstanden. Ausgewählt waren die Gesprächspartner nach zufälligen persönlichen Beziehungen: Verwandte, Nachbarn, Arbeitskollegen. Beachtet wurde lediglich, daß aufgrund der beruflichen und sozialen Herkunft unterschiedliche Lebenserfahrungen zu erwarten waren.
Eine Reihe von Fragen war vorbereitet. So sollte jeder Bericht Auskunft darüber geben, wer zur Familie gehörte, wie die Eltern arbeiteten, was sie verdienten, wie man wohnte, sich kleidete und ernährte … Auf diese Weise kann der Leser die Lebensverhältnisse der verschiedenen Familien miteinander vergleichen.

Andere Themen ergaben sich erst im Gespräch. So erzählte Marga S. von den Geburten ihrer Geschwister, die sie im Nebenzimmer „hautnah" miterlebt hatte. In der Familie der Grete N. war dieses Thema tabu.

Andererseits wußte Grete N. von Reisen zu berichten. In der Familie der Marga S. dagegen hatte man kein Geld für Reisen. Man entfernte sich gerade so weit von zu Hause, wie man zu Fuß oder per Fahrrad zurücklegen konnte.

Jeder Bericht beschreibt detailliert und anschaulich die alltäglichen Verrichtungen der Familienmitglieder, sowie die Umgebung, in der sich ihr Alltag abspielt. Außerdem sind ein paar Wortwendungen eingefügt, in denen Einstellungen oder ein bestimmter Sprachstil zum Ausdruck kommen:

In der Familie der Grete N. lobt der Vater das Essen seiner Frau immer mit den Worten: „Köstlich, Luise, köstlich!"

In der Familie des Schreinermeisters wurde Marga immer mit den Worten zum Essen ermutigt: „Komm Kleine, lang nur zu ..."

Deutlicher als Worte können jedoch Handlungen und typische Verhaltensweisen auf eine Lebenssituation hinweisen:

Marga S. beschreibt, wie die 10köpfige Familie ihre Winterabende in der Stube verbrachte:

Während Mutter auf der Bettkante sitzend Liebesromanhefte las, hockte Vater schlafend auf einem Stuhl. Die Kinder spielten auf dem Stubenboden. Sie mußten flüstern und durften nichts herumliegen lassen.

Grete N. erzählt von gemeinsamen Abenden so:

Während die Kinder in der Wohnung tobten, hörte Vater, auf dem „Goethe-Sofa" sitzend, Radio. Mutter neben ihm handarbeitete oder las Gedichte. Manchmal lehnte sie ihren Kopf gegen Vaters Schulter.

Besondere Aufmerksamkeit ist in den Lebensberichten den *Gegenständen* gewidmet, mit denen die Leute sich umgeben oder umgehen. Gegenstände liefern dort besonders wichtige Hinweise, wo es an sprachlicher Aussagefähigkeit oder -bereitschaft mangelt.

Deshalb wollen Lebensberichte besonders dazu anregen, die „Sprache der Gegenstände" zu beachten. Denn mit jedem Gegenstand gibt eine vorausgehende Generation Erfahrungen und Handlungsanweisungen an ihre Nachkommen weiter. Wer sich also einen Gegenstand leisten kann, erhält mit ihm die Möglichkeit, etwas zu tun.

Wer zum Beispiel ein eigenes Bett besitzt, hat damit die Chance, bequem und warm zu schlafen und den Tag ausgeruht zu beginnen. Das Bett der Grete N. besteht aus einem weißen Eisengestell, das Bettzeug hat hellgeblümte Bezüge. Über dem Bett hängt ein Bild. Aus solchen Zeichen läßt sich die Absicht der Eltern herauslesen, etwa Stimmung und Geschmack ihres Kindes zusätzlich zu beeinflussen. Marga S. dagegen muß „ihr" schmuckloses Bett mit 3 Geschwistern teilen. Ein Bett für 4 enthält entsprechende Anweisungen wie etwa „mach dich nicht so breit", „beweg dich möglichst wenig" … und ist natürlich mit geringeren Chancen für Gesundheit und Tatkraft verbunden. Das gleiche gilt für andere Gegenstände des täglichen Gebrauchs: Eine große Wohnung fordert zu Bewegung und Aktivitäten auf, eine kleine schränkt beides ein.

Bestimmte Gegenstände dienen der Befriedigung von Grundlebensbedürfnissen (Bett) und vermitteln Erfahrungen (Messer und Gabeln). Wer sie sich nicht leisten kann, hat geringere Chancen und Möglichkeiten, an Erfahrungen teilzuhaben. Demgegenüber können andere Gegenstände auch ihre Benutzer anweisen, Tätigkeiten einzuschränken, zu Handlungen auffordern, die ihnen nicht nutzen. Wenn Grete N. in ihrer „umständlichen" Kleidung herumtobt, reißen immer wieder Knöpfe ab und Knopflöcher ein. Die Kleidung schränkt ihren Bewegungsspielraum ein.

In jedem Fall sind die Dinge, mit denen sich Menschen umgeben, wichtige Dokumente von Leben – sei es als Produkt eines Denkprozesses, als Zeichen, durch welches ihre Benutzer ihre Einstellung ausdrücken oder als Aufforderung zum Handeln. Deshalb ist ihnen in den Lebensberichten besondere Aufmerksamkeit gegeben.

Die Fotos stammen nur zum Teil aus den Familien der Befragten. Während Grete N. viele Fotos aus ihrer Kindheit aufgehoben hatte – Familienfotos, Portraits, Klassenfotos, „Moment-Aufnahmen" von Wanderungen, Festen, Geselligkeiten – hatte die Familie der Marga S. kein Geld für den Fotografen, und eine eigene Kamera für damals technisch schwierige „Momentaufnahmen" wäre undenkbar gewesen.

Einmal ist Marga S. fotografiert worden: Zum Fasching hatte ein reisender Fotograf sie zusammen mit ihren 7 Geschwistern und Nachbarskindern aufgenommen. Irgendwo mußte das Foto noch aufgehoben sein – aber wo?

Weil sie selbst kein eigenes Foto aus ihrer Kindheit besaß, hatte Marga S. versucht, Aufnahmen bei Nachbarinnen auszuleihen, die in ähnlicher Armut aufgewachsen waren. Dabei stellte sich heraus, daß sie ihre Fotos weggeworfen hatten, sofern sie überhaupt welche besaßen. Daß sie arm gewesen waren, war ihnen peinlich.
Auch in zeitgenössischen Illustrierten blieb die Suche nach Bildern aus dem Leben der Armen ohne Ergebnis. Zwischen lauter Sieges-, Erfolgs- und Hochleistungsberichten aus „der Welt“ der Politik, des Sports und der Wissenschaften gab es in einem Jahrgang nur eine kleine Sensationsmeldung über schlechte Wohnverhältnisse – allerdings im Ausland.
Die Schwierigkeit, Dokumente, Andenken, sichtbare Zeichen aus dem Leben der Marga S. zu finden, ist bezeichnend: So, wie in Familien vor allem die Erfolge in Erinnerung gehalten werden, so sind auch in der Presse oder in öffentlichen Einrichtungen (wie Archiven und Museen) vor allem die hochbewerteten Taten und außergewöhnlichen Ereignisse eines Staates festgehalten. Die Spuren von Fehlern, Not, vergeblichem Bemühen müssen erst mühsam gesucht werden.
Die in die Lebensberichte eingefügten Fotos stammen deshalb vorwiegend von unbekannnten Leuten, deren Nachlässe auf Trödelmärkten verkauft werden.
Sie sollen nicht nur das Beschriebene veranschaulichen. Aufmerksam betrachtet haben sie eigene, vom Text unabhängige Aussagekraft:
So läßt sich etwa aus einem Gesicht ablesen, ob ein Leben von Freude oder Sorgen, von viel Erholung oder harter Arbeit, von frohen Erwartungen oder Hofnnungslosigkeit gekennzeichnet ist.
Auch die technische Qualität von Fotos kann etwas über die Lebenssituation der Dargestellten aussagen. Wer wenig Geld und Zeit hat und sich selbst nicht wichtig nimmt, wird sich in entsprechend einfacheren Fotos darstellen.
Die in die Berichte eingefügten *Buchzitate* stammen aus Büchern und Zeitschriften, mit denen die jeweiligen Familien umgegangen sind. Bei Grete N. zu Hause gab es „klassische Literatur“ (Goethe, Schiller, Lessing ...), Kunstzeitschriften, Gedichtbände, Modezeitungen, Ratschläge für den bürgerlichen Haushalt, illustrierte Zeitungen. Für Arbeiterfamilien wie die der Marga S. wurden Kirchenblätter, Haushaltungslehren, Romanhefte ... herausgegeben.

Während das, was die Familie N. las, in der gleichen Schicht der „Gebildeten" verfaßt wurde, für die sie auch gedacht war, entstand die Lektüre der Marga S. in anderen Schichten: Kirchenblätter wurden von Kirchenvertretern, Haushaltungsbücher teilweise im Auftrag der Industrie, Romane oft von „versorgten Ehefrauen" verfaßt. In einem Lehrer-Schüler-Verhältnis geben solche Schriften praktische Lebenshilfe (z.B. wie man mit 100,– Monatslohn auskommt) oder erzieherische (z.B. wie man mit 100,– Monatslohn „glücklich" wird).

Was der Vergleich der Lebensberichte zeigt

Die für dieses Buch ausgewählten Lebensberichte geben Einblick in drei städtische Familien, der (Großeltern-) Generation um 1920–1930. Als Vertreter verschiedener Berufsgruppen beschreiben sie den Alltag unterschiedlicher Schichten: einer, der die nötigsten Grundlebensgüter fehlen, einer, die „ihr Auskommen hat" und einer, die im Überfluß lebt. Die beschriebenen Lebenserfahrungen geben anschauliche Beispiele dafür, wie sich Einkommensverhältnisse auf das Leben von Menschen und ihr Zusammenleben auswirken: Der Vater der Grete N. verdient als höherer Angestellter etwa 7000,– Mark im Jahr. Davon kann sich die 5köpfige Familie eine geräumige Mietwohnung leisten. Das Geld reicht für den Kauf von Grundlebensgütern (Nahrung, Kleidung, Einrichtungsgegenständen ...). Die Ausbildung der Kinder ist nicht auf ein berufsbezogenes Grundwissen beschränkt. Neben der „höheren Schulausbildung" (die damals Schulgeld kostete) erhalten sie zusätzlich musischen Unterricht (Musik, Tanz, Malerei). Außerdem bleibt Geld für Entspannung und Vergnügen (Theater, Gesellschaften, Reisen ...). Schließlich kann sich die Famlie ein Dienstmädchen und eine zeitlang ein zusätzliches Kindermädchen leisten.
Um den Lebensstandard zu erhalten, opfert Vater zwar einen Teil seiner Freizeit (Stammtisch mit Arbeitskollegen), die übrigen Familienmitglieder sind jedoch wenig gefordert: Mutter beschränkt ihre Hausarbeit auf den ihr angenehmen, schöpferischen Teil (Kochen, Schmücken, Verzieren ...), weil sie die groben Aufgaben dem

Dienstmädchen übertragen kann. Den Kindern bleibt neben der Schularbeit Zeit zum Spielen.
Die 7köpfige Handwerkerfamilie muß etwa mit einem Einkommen (aus Betrieb und Mieteinnahmen) von 3000 Mark im Jahr auskommen. Weil ein Teil der Grundlebensgüter nicht bezahlt werden muß, hat sie damit „ihr Auskommen"… Das Wohnhaus hat sie geerbt. Deshalb fällt keine Miete an. Nahrung wird zum Teil auf dem eigenen Grund, dem Nutzgarten, erwirtschaftet. Einrichtungsgegenstände (Möbel) und Heizmaterial (Abfallholz) liefert der eigene Betrieb. Kleidung stellt die Hausfrau zum Teil selber her.
Die Söhne erhalten eine „höhere Schulbildung" – die Tochter nicht – und zusätzlich Klavierunterricht. Entspannung ist vor allem auf das Wiederherstellen der Arbeitskraft (Schlaf) beschränkt, Vergnügungen auf traditionelle Feste und Veranstaltungen (Volksfest, Weihnachten). Die Hausangestellte erwirtschaftet Zeit, welche die Hausfrau für andere Arbeiten einsetzen muß. Für Reisen bleibt weder Geld noch Zeit. Denn für ihr Auskommen müssen Hausherr wie Hausfrau und Hausangestellte täglich etwa 12 Stunden arbeiten. Auch den Jungen bleibt wenig Zeit zum Spielen. Sie müssen fleißig lernen, um keine Zeit – etwa durch Sitzenbleiben – zu versäumen.
Die 10 Personen im Haushalt der Arbeiterfamilie müssen mit etwa 1200 Mark im Jahr auskommen. Davon kann die Familie nur einen Teil der Grundlebensgüter kaufen. Sie muß mit zwei Zimmern auskommen, ein Bett zu viert teilen, 4 Stühle abwechselnd benutzen, auf Schuhe im Sommer sowie auf Messer und Gabeln beim Essen verzichten. Da die Familie auch keinen Garten besitzt, kann sie selbst keine Nahrung erwirtschaften. Fehlendes muß durch Suchen, Sammeln (Tannenzapfen, Blaubeeren …), Bitten (Möbel, Schuhe) und Betteln zusammengetragen werden.
Weil die Kinder zuhause helfen müssen, können sie nicht einmal ihre Grundausbildung (Volksschule) nutzen. Auch Entspannung, die zur Erhaltung der Arbeitskraft nötig wäre, kann sich keiner ausreichend leisten: (Lärm, Enge …). Die Mutter erzwingt hin und wieder ein spärliches Vergnügen. Sie geht von Margas Essensgeld ins Kino.
Es gelingt der Familie nicht, ihre Not zu lindern, obgleich der Vater täglich 8 Stunden (– Vor dem 1. Weltkrieg betrug die Arbeitszeit 10–12 Stunden –) körperlich harte Schichtarbeit ohne ausreichenden Schlaf und zusätzliche Schwerarbeit (Beschaffung von Heizmaterial, Baumwurzeln ausgraben) leistet. Auch die Mutter ist mit 8 Kindern,

Hausarbeit und dem zusätzlichen Sammeln von Grundlebensgütern überlastet. Zur Entlastung muß deshalb die älteste Tochter mitarbeiten und die Aufgaben eines Dienst- und Kindermädchens übernehmen. Damit ist auch sie – ohne Freizeit und Lohn – voll beschäftigt. Schließlich setzen auch die jüngeren Geschwister Arbeitskraft für ihr tägliches Essen ein, wenn sie Früchte sammeln oder betteln müssen.
Die Beispiele machen deutlich, daß da, wo ein Einkommen für die Grundlebensgüter ausreicht, ein Überschuß für Bildung (Zukunftschancen) und Erholung (Steigerung der Leistungsfähigkeit) bleibt. Damit werden die Chancen erhöht, diese Lebenssitutation noch zu verbessern. Das Gegenbeispiel (Arbeiterfamilie) zeigt, daß da, wo das Geld für die Grundlebensgüter nicht ausreicht, auch Entspannung und Leistungsfähigkeit vermindert werden. Gleichzeitig aber wird Mehrarbeit (Überstunden, Kinderarbeit) nötig – ein Kreislauf, der unweigerlich die Chancen der Betroffenen noch verringert.
Eine Umverteilung der Lebensgüter wäre deshalb nicht nur moralisch gerechter sondern auch sinnvoll. Tatsächlich hat es zu jeder Zeit Leute gegeben, die sich dafür eingesetzt haben:
Im Lebensbericht der Marga S. sind es vor allem Privatpersonen, die etwas dafür tun, die Not der Familie zu lindern. (Verwandte, Nachbarn, eine Lehrerin, die Pater im Kloster ...). Obgleich ihre Hilfe lebenswichtig ist, bleiben die Möglichkeiten, die Lebensverhältnisse der Armen grundsätzlich und auf Dauer zu ändern, beschränkt. Außerdem ist die Familie abhängig vom Wohlwollen derjenigen, die etwas abgeben können. Wohltätige Gaben bleiben eine „Gnade“. Der Beschenkte erhält damit kein Recht auf Grundlebensgüter.
Wirksamer kann deshalb der Einsatz in öffentlichen Organisationen sein, denen es darum geht, einen Anspruch auf Grundlebensgüter rechtlich zu verankern.
So versucht das Handwerkerehepaar nicht nur in seinem Privatbereich (mit Geschenken an die Familie S. und die Bewohner der Hinterhäuser) zu helfen, sondern auch in Kirche (Frau) und Partei (Hausherr). Es ist anzunehmen, daß sie mit ihrem Einsatz sowohl die eigene Lebenssituation als auch die der Ärmeren verbessern will.
Im Lebensbericht der Grete N. werden Streiks und „Unruhen“ genannt, vor denen die Familie Angst hat. In diesem Fall sind es die Betroffenen selbst, die sich für eine Veränderung der eigenen Lebenssituationen einsetzen. Sie fordern höhere Löhne und verkürz-

te Arbeitszeiten, weil sie dieses als ihr Recht ansehen. Mit Streiks geben sie ihren Forderungen Nachdruck.
Diejenigen, denen es besser geht, müssen um ihre Vorteile fürchten. Sie schützen deshalb, was sie nicht aufgeben wollen. Eine der wirksamsten Schutzmaßnahmen gegen Veränderung ist ein Gedankengebilde (eine Theorie, Ideologie), das die Verhältnisse, in denen Menschen leben, als gut und richtig oder unveränderbar erklärt:
„Einzelne müssen forschen, malen, regieren, erfinden, Unternehmungen begründen, damit Millionen ackern, schmieden, hobeln und sich dadurch ernähren können" (Prof. DR. R. Ehrenberg: Bedeutung und Entstehung d. Deutschen National-Wohlstandes, Velhagen & Klasings Monatshefte, Jhrg, 1908).
Diese gesellschaftliche Chancenverteilung spiegelt sich im Beispiel der Familie N. zwischen Mutter und Dienstmädchen wieder: Die Familie ist überzeugt davon, daß Mutter selbst keine schwere Hausarbeit leisten kann. „Dazu war sie zu zart und schwach". Deshalb widmet sie sich allem „Schönen und Edlen" und schafft damit den optischen Rahmen für ein Leben in besserer Familie: Sie malt, spielt Klavier, widmet sich der „Kochkunst" und der „Kunst des Anziehens". Sie schafft Deckchen und „Apartes" an, damit das Dienstmädchen waschen, bügeln, entstauben, putzen und damit sein Geld verdienen kann …
In diesem Sinne erzieht Mutter auch ihre Tochter: Als Mädchen braucht sie keine Berufsausbildung. Als „höhere Tochter" aus „gutem Haus" in „besserer Familie" soll auch sie sich später allem Schönen und Edlen widmen, denn „es ist eine Hauptaufgabe guter Erziehung, diese aufrichtige Gegenseitigkeit zu erkennen und zu fördern".Einen Platz auf der Seite der „Herrschaft" zu erhalten, erfordert Anstrengungen, die in der Familie N. vorwiegend vom Vater geleistet werden: Mit täglichen Überstunden, teilweiser Aufgabe seiner Bedürfnisse, seines Privatlebens und der Last der alleinigen Verantwortung erhält er den „Stand" der Familie. Die Mutter unterstützt ihn, indem sie das Erreichte täglich „konserviert", den Haushalt mit seinem teils nie benutzten Inventar, gesellschaftliche Beziehungen und schließlich sich selbst: „ein Schläfchen, das conserviert …".
Die selbständige Handwerkerfamilie vereint beide Aufgabenbereiche in ihrem Betrieb – das „Planen und Unternehmen" ebenso wie das „Hobeln und Ackern", damit man sich ernähren kann. Um ihre

Selbständigkeit zu erhalten, die es der Familie erlaubt, nicht nur zu „ackern“ und zu „hobeln“, muß sie besonders fleißig und wirtschaftlich arbeiten. Alle Aktivitäten sind darauf ausgerichtet, den Abstieg in die Schicht der unselbständig Lohnabhängigen zu verhindern.
Die Familie der Marga S. gehört zu den „Millionen“, für die Einzelne Unternehmungen begründen müssen, damit sie ackern, schmieden … können … Allerdings wird der Lohn, den das Zitat in Aussicht stellt („… damit (…) (sie) sich dadurch ernähren können“) nicht eingelöst.
Der Familie der Marga S. mangelt es an allen Grundlebensgütern. Unzureichende Ernährung, schlechte Wohnverhältnisse, Mangel an Schlaf und Erholung, unzumutbare Arbeitsbedingungen bedeuten Gefahr für Gesundheit und Leben der Betroffenen. (Der Vater stirbt mit 40.).

Heinrich von Treitschke hat das oft wiederholte und oft bekämpfte Wort geprägt:

Millionen müssen ackern und schmieden und hobeln, damit einige Tausende forschen, malen und regieren können. Der Sozialismus versucht umsonst, durch leeres Wutgeschrei diese herbe Erkenntnis aus der Welt zu schaffen.

Das Wort ist falsch. Es muß umgekehrt lauten:

Einzelne müssen forschen, malen, regieren, erfinden, Unternehmungen begründen und leiten, damit Millionen ackern, schmieden, hobeln und sich dadurch ernähren können.

Aus: „Velhagen & Klasings Monatshefte“, Jg. 1908

„… allem Schönen und Edlen aufgeschlossen“ Lebensbericht der Luise Juliana Margareta N. (Mülheim an der Ruhr um 1920)

Luise N. mit ihren Kindern Hans, Heinz und Grete (1913, aus: Familienbesitz)

Familie

1920, als Grete 10 Jahre alt war, hatte sie 2 Geschwister: einen 2 Jahre jüngeren Bruder, Heinrich Ferdinand, „Heinz“ und einen 2 Jahre älteren Bruder, Johannes Matthias, „Hans“. Der Vater, Matthias Heinrich Ferdinand, war 44 Jahre alt und höherer Angestellter, die Mutter, Luise Cornelia war 31 Jahre alt und ohne Beruf.

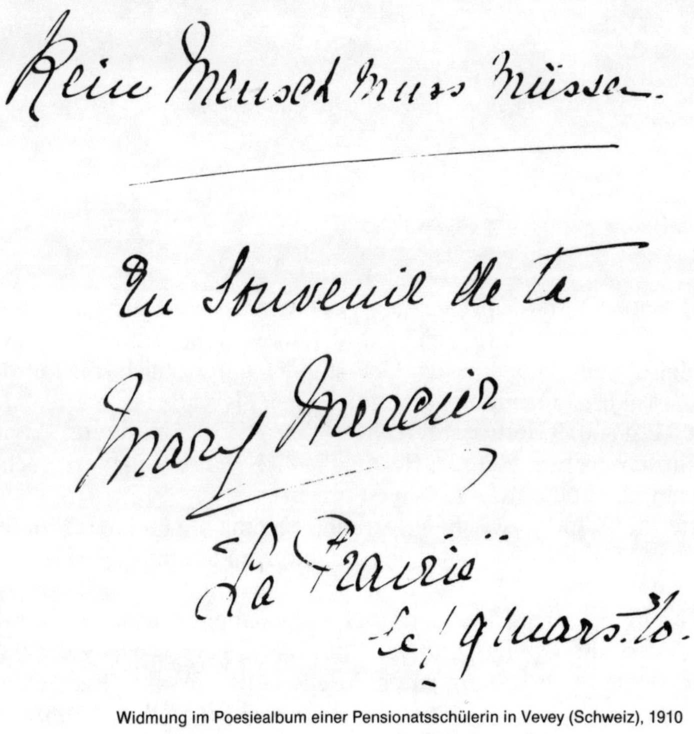
Kein Mensch muss müssen

En souvenir de ta

Mary Mercier

La Prairie

le 19 mars 10.

Widmung im Poesiealbum einer Pensionatsschülerin in Vevey (Schweiz), 1910

Brautpaar (um 1910, Herkunft unbekannt)

Vater

Seit seiner Entlassung aus der Volksschule arbeitete der Vater in einem Exporthandelsgeschäft. Mit „unermüdlichem Fleiß, Gewissenhaftigkeit" und täglichen Überstunden hatte er sich vom Lehrling zum Prokuristen emporgearbeitet. Er galt als Kaffee-Experte. Als er mit 31, nach 19 Berufsjahren, die 18jährige Luise heiratete, „konnte er ihr schon etwas bieten". Bei der Hochzeit hatte er ihr versprochen, sie auf Händen durchs Leben zu tragen.
Vater lief ständig zwischen Büro und Familie hin und her: Morgens, mittags, abends und nach Dienstschluß zum Stammtisch. Für jeden Weg brauchte er 30 Minuten. Vater war immer pünktlich. Den Stammtisch verbrachte der Chef fast allabendlich mit Geschäftsfreunden und Kaufleuten. Der Chef sah es gern, wenn Vater dabei war, denn Vater war ein guter Gesellschafter. Weil er Bier schlecht vertragen konnte, trug Vater immer einen kleinen Wärmeapparat in seiner Aktentasche, um damit seine Getränke anzuwärmen.

Honoratiorenstammtisch
Aus: Die gute alte Zeit im Bild, S. 109

Männer haben das wirkliche Leben da draußen. Entweder sie studieren oder sie widmen sich einer Fachwissenschaft, machen weite Reisen zu Wasser und zu Land; kämpfen mit Arbeit und Sorgen, haben ihr festes Ziel vor Augen, das sie erreichen müssen und wollen.

Aus: „Das goldene Buch der Frau" Adolphine Breithaupt, Chemnitz, 1894

Mutter

Die Mutter war als einziges Kind aufgewachsen. Deshalb konnten die Eltern ihr eine „erstklassige Ausbildung“ bieten. Von der 1. Klasse an hatte sie zunächst ein Lyzeum (höhere Mädchenschule) und später ein Pensionat in Bad Pyrmont besucht.

Victoria-Pensionat [36920

= Unter Protektorat Ihrer Majestät der Kaiserin Friedrich =

in Dornholzhausen bei Homburg v. d. Höhe.

Großes Haus, hohe luftige Räume, Turn- u. Spielsäle, großer Garten, Wiesen, Spiel- u. Tennisplätze. Unterricht in fremden Sprachen, Litteratur, Kunst- u. Kulturgeschichte u. anderen Wissenschaften, praktische u. theoretische Haushaltungskunde, verbunden mit Gartenkultur. System. Handarbeitsunterricht (auch Schneidern, Ausbessern ꝛc.), Turnen, Musik (Klavier, Violine, Ensemble-Spiel, Chor- und Sologesang), Zeichnen und Malen (Skizzieren im Freien), Fachlehrer. Deutsche, französ. u. engl. Lehrerinnen im Hause. Umgangsformen berücksichtigt. **Beste Körperpflege.** Bäder im Hause u. Schwimmbäder. Prospekte durch die Vorsteherin **Frieda Rossbach,** geb. von Griesheim.

Aus: „Daheim-Anzeiger“, Jahrg. 1901

Zusätzlich hatte sie Klavierunterricht, Tanzstunden bei einer Tänzerin und Malunterricht bei einer Malerin erhalten. „Mutter war allem Schönen und Edlen aufgeschlossen“. Eine Berufsausbildung war nicht vorgesehen.

Schülerinnen eines Mädchenpensionats (um 1910, Herkunft unbekannt)

In dem großen Haushalt des Lebens ist jedem sein Teil richtig zugewogen, und es würde thöricht sein, wollte sich die Frau dagegen auflehnen.

Aus: „Das goldene Buch der Frau" Chemnitz, 1894

Wohnung

Lesende Frau im Salon (um 1910, Herkunft unbekannt)

Die Familie wohnte in einem um die Jahrhundertwende gebauten Haus, dessen Fassade mit Jugendstilornamenten verziert war. „Es war ein schönes Haus". An der Haustür war ein Messingschild mit der Aufschrift: „Betteln und Hausieren verboten" angebracht. Auch die Namen der Hausbewohner waren in Messing gefaßt: Der Hausherr, ein Beamter, bewohnte mit seiner Familie das Parterre. Im

1. Stock lebte die Familie eines Tierarztes, darüber die Familie N. und im Dachgeschoß die Witwe eines Oberlehrers.
Die Wohnung bestand aus: Diele, Salon (das „gute Zimmer"), Eßzimmer, Wohnzimmer, Elternschlafzimmer, Mädchenzimmer und 2 Dachkammern für die Jungen. Außerdem gehörten ein großer Flur, Küche, Badezimmer, Toilette, Wintergarten und 3 Veranden dazu. Im Keller befanden sich die Waschküche, der Kartoffel- und der Kohlenkeller. Der Söller (Dachboden) wurde zum Aufhängen der Wäsche und zum Abstellen von nicht gebrauchten Möbeln und Koffern benutzt.
Die Diele war mit einer Garderobe, einer Truhe, einem chinesischen Paravant (Wandschirm) und einer automatischen Drehorgel ausgestattet. Die Garderobe war aus Holz hergestellt und reich geschnitzt. Der chinesische Paravant war aus schwarzem Ebenholz mit Perlmutt- und Elfenbeineinlagen und einer Seidenstickerei gearbeitet, die Blüten und exotische Vögel darstellte. Er wurde als Hintergrundkulisse für Fotografien benutzt. Der Vater hatte ihn gekauft. „Er hatte Sinn für das Besondere". Die Orgel konnte durch Einwerfen eines Groschens in Gang gesetzt werden. Dann spielte sie: Märsche, Weihnachtslieder, Walzer ... Rosen aus dem Süden, ... Oh, du fröhliche ... Sie wurde solange immer wieder benutzt, bis die Platten wellig waren und der Mechanismus repariert werden mußte. An den Wänden waren ausgestopfte Vögel, ein Eichelhäher, ein Fasan und mehrere Geweihe angebracht, Geschenke vom Chef des Vaters, der im Westerwald eine Jagd besaß und seine Trophäen selbst nicht mehr unterbringen konnte. Außerdem hingen dort 2 Jagdbilder: „Good hunting" zeigte einen Jäger mit erlegtem Wild, „Good fishing", einen Fischer mit vollem Netz. Die Bilder waren Jubiläumsgeschenke. Die Wände waren mit großflächigen Blumenmustern tapeziert. Die Diele wurde als Spielplatz von den Kindern genutzt: Von hier aus suchten sie beim Versteckspiel die Zimmer ab, spielten Fangen oder hüpften zur Drehorgel. Der Salon war zu einem Teil durch eine mit einem niedrigen Gitter versehene Empore erhöht, in deren Mitte sich ein kleiner Durchgang befand. Das war der Wintergarten. Auf der gegenüberliegenden Seite bot eine breite Schiebetür den Durchgang ins Eßzimmer.
Die Ausstattung des Salons bestand aus einem großen runden Tisch, 6 passenden Stühlen und einem Sofa – Erbstücken der Familie aus dem „Biedermeier". Allerdings war die hellblaue Seide des Bezugs-

stoffes brüchig geworden – zum Gebrauch zu empfindlich – außerdem hatte die Katze in dieses Zimmer gemacht. Wegen des schwer zu beseitigenden Gestanks und wegen der Empfindlichkeit der Bezüge wurde das Zimmer nie benutzt. Damit Kinder und Katzen nicht hineinkamen und der Besuch nicht sah, daß dort Wäschekörbe abgestellt waren, blieb es meist verschlossen.
Das durch die Schiebetür erreichbare Eßzimmer hatte einen großen Kachelofen und Zugang zu einer kleinen, mit verzierten Gitterstäben geschützten Veranda. Möbliert war es mit einem großen langen Tisch mit 12 Stühlen und einem großen hohen Büffet, in welchem Porzellan, Gläser und Kristallgefäße aufbewahrt waren. Die Decke schmückte eine riesige kristallene Lüsterlampe.

Bei Licht, zumal beim Schein brillanter Kronleuchter, macht sich eine festlich dekorirte Tafel immer effectvoller, als beim Tageslichte. Man thut daher gut, selbst wenn auch volles Tageslicht vorhanden, unmittelbar vorher, ehe die Gesellschaft in den Speisesaal eintritt, sämmtliche Rouleaux und Vorhänge herabzulassen und dann den Saal durch eine glänzende Beleuchtung zu erhellen.

Im Winter lasse man den Speisesaal genügend durchheizen; wenn strenger anhaltender Frost eintritt, muß dies einige Tage vor dem Gastmahle geschehen, denn große, lange nicht benutzte Räumlichkeiten bedürfen oft sehr des wiederholten Heizens, ehe eine behagliche Wärme sich in ihnen entwickelt.

Aus: „Der Führer der Jungfrau und Frau im häuslichen und geselligen Leben", Herausg. F. Lesser, Erfurt o.J. (Ende 19. Jh.)

Weil dieses Zimmer mit seiner schlecht verschließbaren Schiebetür und dem Zugang zur Veranda schwer heizbar und zugig war – der Ofen qualmte immer –, wurde es nur Weihnachten und an Geburtstagen benutzt, wenn viele Gäste kamen. Ansonsten diente es, wegen der vielen Stühle, als Hindernisrennstrecke beim Fangenspielen der Kinder.
Das Elternschlafzimmer enthielt die übliche Ausstattung: 2 Elternbetten, je ein Nachttischschränkchen mit Marmorplatte, einen

großen Wäscheschrank und einen Toilettentisch mit „Waschlavoir" (Wasserkrug und Waschschüssel). Von den Kindern wurde das Schlafzimmer zum Versteckspiel benutzt. Auch der Hund wühlte sich gern in die Betten.
Vom Schlafzimmer der Eltern aus waren ein kleiner unbenutzter Balkon und das Badezimmer erreichbar. Eine Badewanne war noch nicht eingerichtet. Weil der Raum außerdem kalt und feucht war, wurde er als Abstellkammer benutzt.
Der fensterlose Toilettenraum hatte ein Klo mit Wasserspülung. Mit ihrer Hilfe ließ man auch Abfälle verschwinden.
Gretes Mädchenzimmer enthielt außer ihrem Bett aus einem weißen Eisengestell, das mit hellgeblümtem Stoff bezogen war, eine Kommode und einen Schrank sowie Mädchenspielsachen und Bücher: Märchen, Peterchens Mondfahrt, Tannenwalds Kinderstube, Die Biene Maja, Himmelswolken .... Über Gretes Bett hing der Spruch: *Vor allem eins, mein Kind, sei treu und wahr.*
Die abseits gelegenen Dachkammern der Brüder wurden nur zum Schlafen benutzt. Sie waren unbeheizt.

Die eigene Stube des heranwachsenden jungen Mädchens zierlich und anmutig auszugestalten, erscheint jedem Elternpaar als selbstverständlich. Es entsteht fast ein Wetteifer zwischen Vater und Mutter, wer die besten Ideen hat, das Zimmerchen praktisch und wohnlich zugleich einzurichten. Decke, Tapete, Holzbekleidung blitzen mit den Möbeln um die Wette in jungfräulicher Weiße. Spitzenverschwendung an Decken und Deckchen, Vorhang und Kissen, hübsche Stiche lachen von den Wänden — ja, das Jungmädchenzimmer ist ein reizender Winkel selbst in Familien, die sonst recht sehr rechnen.

Und unsere Herren Jungen?

Ja, das ist etwas ganz anderes! Da ist die so oft gepriesene und immer wiederholte spartanische Einfachheit wieder einmal die beste Ausrede. Für das Zimmer des Tertianers ist jedes ausrangierte geschmacklose Möbel, das immer schiefhängende Bücherbort, der fleckige Spiegel mit dem Winkelsprung, der abgetretene Teppich, noch dreimal schön und gut. Der hat ja so viel zu arbeiten, daß er auf die Außenwelt nicht achtgibt! Wenn der über kurz oder lang aus dem Hause geht, hat er es dann vielleicht besser in seiner Chambre garnie?

Aus: „Die Welt der Frau", Zeitschr., Jg. 1909, I. v. Wedell „Unserer Knaben Zimmer"

Vor allem eins, mein Kind: Sei treu und wahr,
Laß nie die Lüge Deinen Mund entweihn!
Von alters her im deutschen Volke war
Der höchste Ruhm, getreu und wahr zu sein.

Du bist ein deutsches Kind, so denke dran.
Noch bist Du jung, noch ist es nicht so schwer,
Aus einem Knaben aber wird ein Mann,
Das Bäumchen biegt sich, doch der Baum nicht mehr.

Sprich Ja und Nein, und dreh und deutle nicht;
Was Du berichtest, sage kurz und schlicht,
Was Du gelobest, sei Dir höchste Pflicht,
Dein Wort sei heilig, drum verschwend' es nicht!

Leicht schleicht die Lüge sich ans Herz heran,
Zuerst ein Zwerg, ein Riese hinternach,
Doch Dein Gewissen zeigt den Feind Dir an,
Und eine Stimme ruft in Dir: „Sei wach!"

Dann wach' und kämpf', es ist ein Feind bereit:
Die Lüg' in Dir, sie drohet Dir Gefahr.
Kind! Deutsche kämpften tapfer allezeit,
Du deutsches Kind, sei tapfer, treu und wahr!

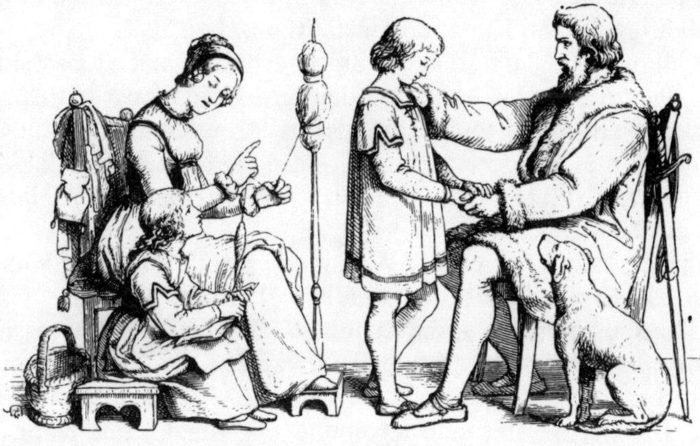

Deutscher Rat. Gedicht und Zeichnung von Rob. Reinick.

In wessen Kinderzimmer sein reiner Geist getreten ist, geleitet von der wehrhaften Schar seiner Malergenossen, dem wird das Gefühl für das Schöne und Gute, die tiefe Ehrfurcht vor Wahrheit und Natur, der Abscheu vor dem Schmutzigen und Gemeinen und im Lauf zunehmender Reife das Christliche und Germanische in Robert Reinicks Wesen in Fleisch und Blut übergehen und sich siegreich behaupten gegen alle zersetzenden Einflüsse einer überklugen Zeit.

Aus: „Daheim", Ein deutsches Familienblatt, Jg. 1905, Nr. 21

Die Küche war mit Herd, Tisch mit Stühlen und Schränken eingerichtet. Die ihr angeschlossene kleine Vorratskammer enthielt Eingemachtes und Lebensmittel. Auf der von der Küche erreichbaren Veranda wurden Abfälle abgestellt und Asche ausgekippt, „bis sie sich türmte". Außerdem konnten Hund und Katzen dort in Kisten „ihr Geschäft erledigen", wenn keiner Lust hatte, aufs „Sträßchen" zu gehen.
Während die Kinder überall in der Wohnung spielten, hielten sich die Eltern meist im Wohnzimmer auf, denn dieses konnte gut beheizt werden. „Tür zu! Es zieht". Hier gab es ein Mietklavier, das sogenannte „Goethesofa" mit einem ovalen ausziehbaren Tisch davor, 6 Stühle, einen Bücherschrank und einen Ofen. In der Ecke stand ein kleiner Tisch mit Radio darauf. Über dem Radio hing ein Vogelkäfig mit dem Kanarienvogel „Mantzchen".
Das Goethesofa hatte seinen Namen erhalten, nachdem man auf einem Portrait des Dichters das gleiche Sofa entdeckt hatte ... mit seitlichen Armrollen zum Einschieben. Über dem Sofa hing ein goldumrahmtes Kinderfoto von Grete in weißem Spitzenkleid mit großer Schleife im Haar. Sie trug ein Silberkettchen um den Hals und eines mit Herz am Arm.
Im Bücherschrank waren die Werke von Schiller, Lessing, Goethe, Meyers Konversationslexikon, „Himmel, Erde, Mensch", Christliche Hauspostillen, die gesammelten Werke von Wilhelm Busch und Velhagen und Klasings Monatshefte, welche die Eltern abonniert hatten, untergebracht. An den Wänden des Wohnzimmers hingen einige von der Mutter selbst gemalte Ölgemälde: der Kopf eines Windhundes, ein Hühnerhof, eine Winterlandschaft und ein Stilleben mit Blumen.

Tageslauf

Während die Mutter länger schlief – „sie war sehr zart und brauchte immer viel Schlaf" –, schürte das Dienstmädchen die Öfen an, bereitete das Frühstück für alle, versorgte die Kinder für die Schule, kaufte ein und putzte. Danach stand die Mutter auf und wandte sich ihrer täglichen Aufgabe zu, dem Kochen.

Zur Mittagszeit kam die Familie zum Essen zusammen: die Kinder von der Schule, der Vater vom Büro.

Ebenso ist die Kochkunst in Wirklichkeit eine Kunst zu nennen, wenn sie recht begriffen und mit Bewußtsein ausgeübt wird.

Aus: „Das goldene Buch der Frau", Adolphine Breithaupt, Chemnitz, 1894

Nach dem Mittagessen zog sich die Mutter zum täglichen Mittagsschlaf zurück, der etwa 2 Stunden dauerte. „Ein Schläfchen, das conserviert und hält jung".

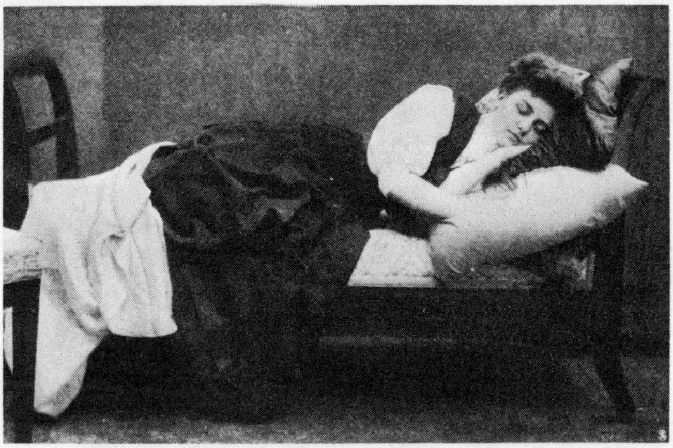

Wie man ganz sicher Runzeln und Falten bekommt

Das Mittagsschläfchen wird da für viele Frauen zum Verhängnis; namentlich, wenn sie, wie es auf unserer vorletzten Abbildung zu sehen ist, ihr Schläfchen sozusagen in voller Kriegsausrüstung halten. Weder Stehkragen noch Gürtel werden gelockert.

Aus: „Die Welt der Frau", Jg. 1909

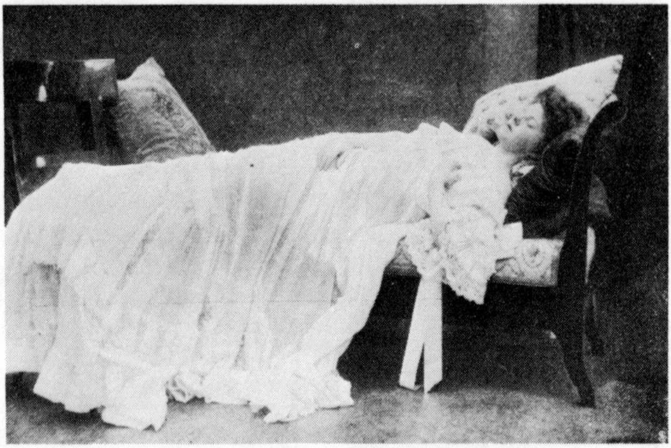

Die gute Ruhe. Kopf und Hals sind richtig gestützt, das Gesicht wird von der Luft umspült. Halbe Seitenlage.

Aber wir legen unserem Gesichte noch weitere Prüfungen bei der Morgentoilette auf. Beim Frisieren, beim Schuhanziehen und Ankleiden hat es ohne jeden Grund mit seiner Muskulatur mitzuarbeiten. Die sich schlecht steckenden Haarnadeln veranlassen ein Stirnrunzeln; Korsettanziehen, Kleiderschließen wird ebenfalls mit Mundverziehen, Gesichterschneiden begleitet. Durch dieses überflüssige Grimassieren werden nicht allein Falten und Runzeln gebildet, das Gesicht erhält außerdem davon einen trivialen, unkultivierten Ausdruck. Ruhige, beherrschte Gesichter, die durch ein maßvolles Mienenspiel belebt werden, haben die besten Aussichten, lange jung und glatt zu bleiben. Das Gesichterziehen ist die zweckloseste Energieverschwendung, die es gibt.

Aus: „Die Welt der Frau", Jg. 1909

Währenddessen spülte das Dienstmädchen ab und räumte noch einmal auf. Danach verließ es das Haus. Die Kinder wurden angehalten, ruhig zu spielen „Mutter schläft". Zwischendurch machten sie Hausaufgaben, „soweit nötig". Darum kümmerten sich die Erwachsenen nicht.

Die Nachmittage wurden genutzt, um selber Besuche zu machen, Gäste zu empfangen oder Spaziergänge zu unternehmen. Während Vater den Abend häufig am Stammtisch verbrachte, ließ Mutter kein Konzert oder Theater aus.

Finde ich des Abends bei später Heimkehr einmal eine der vorgeschriebenen Arbeiten nicht getan, und habe ich nicht Lust, mir und dem Mädchen den nächsten Morgen gleich durch eine Rüge zu verderben, so nehme ich wohl auch einmal meine Zuflucht zu einem Knittelverschen, das ich auf einen Zettel schreibe, etwa:

„Ei, was bin ich doch beschmutzt,
Liese hat mich nicht geputzt!
Schnell ans Werk und reibe flink
Blank die Wanne, Hahn und Ring!"

Diesen Zettel hänge ich im Badezimmer am Wasserhahn auf und bin gewiß, am andern Morgen alles blitzblank und das Mädchen mit dankbar-verschämtem Lächeln vorzufinden.

Aus: „Die Welt der Frau", Zeitschr., Jg. 1909, G. König „Ich und meine Mädchen"

Seltener waren alle zu Hause im Kreis der Familie: Während Vater Unterhaltungssendungen im Radio hörte, saß Mutter neben ihm auf dem Goethesofa, den Kopf an seine Schulter gelehnt und handarbeitete.

Dienstmädchen

Bis gegen Ende des 1. Weltkrieges hatte die Familie N. 2 Etagen von der Größe der hier beschriebenen bewohnt. Dazu hatte der Haushalt entsprechende Unterstützung gebraucht: Die Kinder wurden von einem Kindermädchen versorgt, den Haushalt besorgte ein Dienstmädchen, das jeweils an Geburtstagen, Waschtagen oder wenn Kohlen geliefert wurden, durch andere Dienstmädchen unterstützt wurde, die man sich in der Verwandtschaft auslieh. Weil die Kinder inzwischen zur Schule gingen und „wegen der schlechten Zeit" nach dem Krieg, hatte man nur noch ein Mädchen.

Die Dienstbotenkalamität ist auf dem ganzen Erdenrund die gleiche, und ob die Industrie vieles Frauenmaterial einstellt oder nicht, eine wesentliche Änderung in der Güte der Dienstboten hängt hiervon nicht in dem Maße ab, wie man im allgemeinen glaubt.

Über eine eigentliche Dienstbotennot kann man in Berlin nicht klagen, nur sind die Mädchen, die sich verdingen wollen, meist schlecht und wertlos. Der Grund, weshalb die Mädchen in Berlin sich so sehr von dem Personal in den Provinzen unterscheiden, liegt klar auf der Hand. In der Hauptsache wird den Mädchen hier zu viel Vergnügen geboten, und sie finden ihr Brot auch auf manche Weise, die ihnen leichter und freier erscheint.

Da sich in der Großstadt alles spezialisiert, so ist es auch nicht besonders erstaunlich, daß es Institute gibt, die nur Mädchen von auswärts importieren und sich größtenteils auf Material aus den Provinzen verlegen. Diese frisch nach Berlin gekommenen Mädchen stehen allzu hochgeschraubten Ansprüchen fürs erste fremd gegenüber, und wer solchen Vogel einfängt, hat vielleicht für einige Zeit Ruhe.

Diese Mädchen ahnen nichts vom Vakuumreiniger, sondern klopfen die Betten und Teppiche selbst, sie kennen nicht den Schacht für die Müllabfuhr, sondern tragen die Eimer selbst herunter. Sie wissen nichts, als daß man für das Geld, das man ihnen gibt, auch harte Arbeit verlangt.

Aus: „Die Welt der Frau", Zeitschr., Jg 1909, O. Alsen
„Wie die Berlinerin ihre Dienstboten engagiert"

Dienstmädchen wechselten oft … Eta, Anna, Petronella, Mariechen, Wilhelmine, Katchen oder Gretchen … Oft schieden sie wegen Heirat aus, meist blieben sie „ohne Grund einfach weg", dann stand die Familie „mit allem ganz allein da" und alles ging drunter und drüber …

Neue Dienstmädchen mußten oft erst zu ordentlicher Arbeit und Pünktlichkeit erzogen werden. Manchmal kam das Mädchen morgens so spät, daß Mutter selber aufstehen mußte, um die Kinder zu versorgen. Wenn Mutter darüber schimpfte, erhielt sie noch freche Antworten: „Meinen Sie, ich renne".

Bei allen diesen Belehrungen muß man jede Härte und Strenge vermeiden, in wohlwollender Weise seinen Zweck zu erreichen suchen und stets bestrebt sein, daß so die Dienstboten nicht aus blindem Gehorsam, sondern aus innerer Ueberzeugung den Befehlen und Anordnungen gehorchen und dieselben als nothwendig, gut und gerecht anerkennen. Ueberhaupt bildet das Princip der aufrichtigen Gegenseitigkeit die reellste und sicherste Grundlage zwischen Herrschaft und Dienstboten, und es ist eine Hauptaufgabe guter Erziehung, diese aufrichtige Gegenseitigkeit zu erkennen und zu fördern. Wo für diese ein guter Grund gelegt, ist auch das fernere Zusammenstreben ein gesichertes, denn die wirthschaftliche und gesellschaftliche Entwickelung einer Nation hängt am meisten von der Erziehung, Bildung und Einsicht jedes Einzelnen ab.

Aus: „Der Führer der Jungfrau und Frau im häuslichen und geselligen Leben"
Hg. F. Lesser, Erfurt o.J. (Ende 19. Jh.)

Manchmal beendete Diebstahl das Dienstverhältnis: Anna z.B. war dabei ertappt worden, weil sie sich das Fahrrad des Sohnes in Einzelteilen mitgenommen und zu Hause wieder zusammengesetzt hatte.
Mit Unterstützung zweier Polizeibeamter verschafften sich Mutter und Tochter Zutritt zur Wohnung von Anna. Den Brüdern und Vater war die „ganze Sache unangenehm". Dabei entdeckte man, daß Anna die Einrichtung ihrer Dachkammer fast vollständig zusammengestohlen hatte ... „alles was doppelt war, hatte sie mitgenommen" ... Kochtöpfe, Geschirr, Besteck, Wäsche. Sogar ein Kinderbett hatte sie in Einzelteilen weggetragen und zu Hause aufgebaut. Anna war hochschwanger. Der Ehemann stand tatenlos daneben, während Grete und Mutter all diejenigen Gegenstände zusammenpackten, die sie als ihr Eigentum erkannten. „Anna, nun sind wir erst 2 Wochen

verheiratet und schon die Polizei im Haus ..." Mutter und Tochter transportierten den Sack mit der Straßenbahn nach Hause – eine peinliche Angelegenheit. Zu Hause angekommen, wußte Mutter nicht, wohin mit dem „Krempel – es war ja eigentlich alles wertloses Zeug." Später stand es noch lange irgendwo im Weg.

Des Menschen Pflicht heißt hier auf Erden:
Im tiefsten Herzen glücklich werden!
Sei 's durch Verzicht — sei 's durch Empfangen,
Ein jeder kann das Glück erlangen. G. Triepel.

Aus: „Monika", Zeitschr. für kath. Mütter und Hausfrauen, Jg. 1910

Kleidung

„Grete war ein schönes Kind. Sie würde einmal Chancen haben und früh heiraten". In hübschen Kleidern sah sie „entzückend" aus.
Ihre Ausstattung mit neuen Kleidern war ein wichtiger Teil der mütterlichen Aufgaben.
Während die Brüder meist Matrosenanzüge trugen, besaß Grete eine reiche Auswahl an Kleidern aus Samt, Voile, Chrepe de Chine, Seide oder Wolle mit Stickerei, die sie meist mit einer weißen, spitzenbesetzten Schürze trug.
Während die Anzüge der Jungen gekauft oder außer Haus bei einem Schneider angefertigt wurden, hatten Mutter und Tochter eine Hausschneiderin, die etwa einmal im Monat ins Haus kam. Fräulein D. brachte Modezeitungen mit, die der Mutter jedoch selten gefielen. Sie war mehr für das „Aparte", stellte eigene Kleiderentwürfe her und fügte fertigen Kleidern immer etwas Besonderes hinzu: bemalte oder bestickte sie. Fräulein D. fand die Kleider zu extravagant: „Ihnen muß es ja gefallen, denn Sie müssen's ja tragen." Die Anproben fanden im Wohnzimmer statt. Auf dem Tisch stehend wurde Maß genommen. Wenn ein neues Kleid gefiel, wurde es auf Spaziergängen oder Besuchen ausgeführt.

Geschwister in Matrosenkleidung, (vor 1918, Herkunft unbekannt)

Gretes schulterlanges Haar war von den Schläfen aus hochgekämmt und mit einer weißen Schleife zusammengebunden. Als sie noch jünger war, wurde die Schleife durch ein schwarz-weiß-rotes Band ersetzt, wenn der Kaiser Geburtstag hatte. Dazu sangen die Kinder:

„Der Kaiser ist ein lieber Mann,
er wohnet in Berlin,
und wär' es nicht so weit von hier,
so ging ich heut noch hin …"

Unter dem Kleid trug Grete eine weiße Unterhose, mit aufknöpfbarer Klappe hinten, deren spitzenbesetzte Beine leicht unter dem Kleid hervorgucken sollten. Unterhose und Strumpfbänder waren mit Knöpfen und Knopflöchern an einem weißen Oberteil, dem mit Biesen und Stickereien verzierten „Leibchen" befestigt, mit Knöpfen seitlich, vorne und hinten.

Das An-, Ausziehen und auf's Klo gehen war mit viel Knöpfarbeit verbunden. Dabei passierte es oft, daß Knopflöcher aus- oder Knöpfe abrissen. Solche Näharbeiten, wie auch das Stopfen und Flicken zerrissener Stoffe, erledigte das Dienstmädchen, während die

Mutter sich auf die schöpferische Textilgestaltung beschränkte. Auch die Schuhe wurden durch Knöpfe verschlossen. Die runden Perlmuttknöpfe waren an Ringen mit dem Lackschuh verbunden. Mithilfe eines Knopfhakens wurden sie in die Schnallenlöcher der Schuhe hineingezogen.
Nachts trug man Nachthemden, auch die Brüder und Vater. Diese waren mit Biesen für die Männer und Spitzen, Rüschen und Borten für die Mutter und Tochter verziert. Außerdem waren alle Nachthemden und Wäschestücke mit Monogrammen versehen, die in einer Stickstube eingearbeitet wurden.

Abb. 1. **Leibchen für Mädchen von 12 bis 14 Jahren.** (Siehe Abb. 1a.)
Abb. 2. **Leibchen für Mädchen von 10 bis 12 Jahren.** (Siehe Abb. 2a.)
Abb. 3 **Stielknopf und Knopflochleiste.**
Abb. 4. **Leibchen für Mädchen von 8 bis 10 Jahren.** (Siehe Abb. 4a.)

Aus: „Die Welt der Frau", Zeitschrift Jg. 1909

Große Wäsche

Die große Wäsche war der unangenehmste Teil der Hausarbeit. So weit es ging, wurde sie vom Dienstmädchen allein erledigt, manchmal wurde das Dienstmädchen der Großmutter zur Hilfe hinzugezogen. Große Wäsche wurde etwa alle 4 Wochen vorgenommen und dauerte 3–4 Tage:
Am Vortag trug das Dienstmädchen die schmutzigen Teile in Körben in den Keller und weichte sie über Nacht mit Wasser und Soda im Waschkessel ein. Am anderen Morgen wurde das Einweichwasser erhitzt, indem der unter dem Kessel befindliche Ofen mit Kohle angeheizt wurde. Die kochende Wäsche mußte mithilfe eines

Waschholzes gelockert und umgerührt werden. Dann wurde sie Stück für Stück aus der Lauge gehoben und mit der Mangel ausgepreßt. Anschließend legte man die Wäschestücke in die danebenstehende Waschmaschine, hob die kochende Lauge in Bottichen aus dem Kessel und goß sie über die Wäsche. Darin wurde sie 30 Minuten lang mit einem Prengel, der aussah wie ein großer Quirl, geschlagen. Der Prengel wurde mit der Hand bewegt. Dabei verfing sich die Wäsche oft zwischen den Armen des Prengels. Sie mußte mit dem Wäscheholz gelockert werden, bevor man weiterschlagen konnte. In der gleichen Lauge wurden zunächst die weniger verschmutzten weißen Teile, anschließend die schmutzigeren und zum Schluß die Buntwäsche geschlagen. Schließlich wurden alle Teile wieder durch die Mangel gedreht, von wo sie gleich in eine mit kaltem Wasser gefüllte Wanne fielen. Darin wurde sie mehrere Male ausgespült und wieder durch die Mangel gedreht.

Nach einer großen Wäsche waren Dienstmädchen immer ein paar Tage erkältet.

Fragen wir: „Wie soll die Ausstattung der Tochter eingerichtet sein?“ So ist die einzige, richtige Antwort: Sie muß den Verhältnissen angepaßt werden.

1. Das Tischzeug.

1	Damast-Gedeck	à 18	Servietten	140 Mk.
2	„ „	à 12	„	150 „
2	„ „	à 8	„	100 „
2	Jacquard- „	à 12	„	100 „
2	„ „	à 8	„	64 „
3	„ „	à 6	„	54 „
6	Tischtücher			45 „
2	Dutzend Servietten			32 „
	Damast-Kaffee-Servietten			36 „
	Jacquard- „ „			20 „
1	Dutzend Dessert-Servietten			8 „
2	„ „ „			27 „
				776 Mk.

2. Das Küchenzeug.

				Transport	100 Mk.
6	Leute-(Gesinde-)Tischtücher	24 Mk.	2 Dtz.	Tellertücher	18 „
2	Dtz. Leute-Handtücher	27 „	2 „	Fenstertücher	13 „
3	„ Küchenhandtücher	27 „	2 „	Messertücher	8 „
3	„ Wischtücher	22 „	2 „	Toilettetücher	12 „
			2 „	Staubtücher	9 „
		100 Mk.			160 Mk.

3. Handtücher.

2	Dutzend Handtücher zu	42 Mk.
1	„ Damast-Handtücher, ganz lang	52 „
1	„ feine Handtücher	30 „
1	„ Damast-Handtücher	42 „
2	„ Drell-Handtücher	25 „
	Summa	191 Mk.

4. Zur Wäsche.

1	komplettes Plättbrett und Ärmelbrett	24 Mk.
3	Korbtücher	8 „
3	Rolltücher	8 „
		40 Mk.

5. Herrschafts-Bettwäsche.

1	Dutzend kompl. Bezüge, bestehend aus: à 1 Deckbett, 2 Kissenbezügen und 1 Laken	414 Mk.
1/2	Dutzend kompl. Bezüge, bestehend aus 1 garnierten Deckenkouvert, 1 Kissen ebenso, 1 gewöhnliches Kissen, 1 Laken	360 „
2	Pique-Bettdecken	36 „
		810 Mk.

6. Leute-(Gesinde-)Betten.

2/3	Dutzend kompl. Leute-Bezüge bestehend aus: 1 Deckbett, 2 Kissenbezüge, 1 Laken	134 Mk.
2	kompl. Leutebetten, bestehend: 2 eiserne Bettgestelle	31 „
2	Seegras-Matratzen	16 „

2 Keilkissen	6	„
2 Deckbetten, 2 Kopfkissen, 2 Unterbetten	120	„
2 Bettdecken	12	„
Summa	319	Mk.

7. Zwei komplette herrschaftliche Betten.

2 Bettgestelle auf Rollen	180	Mk.
2 Sprungfeder-Matratzen mit Bezug	108	„
2 Roßhaar-Matratzen	186	„
2 „ Keilkissen	42	„
2 „ Fußkissen	25	„
2 Federkissen mit Seide besetzt	53	„
2 Federkissen ohne Seide	33	„
2 Plümeaux mit Eiderdaunen	140	„
2 Deckbetten	104	„
2 Levantine-Steppdecken	150	„
Summa	1021	Mk.

8. Verschiedene Wäsche-Artikel.

4 Dutzend leinene Taschentücher	60	Mk.
1 „ Battist-Taschentücher	30	„
1/4 „ Spitzentücher	50	„
1 Brauttaschentuch	45	„
3 Dutzend baumwollene Strümpfe	74	„
1 „ wollene Strümpfe	54	„
1/2 „ bunte baumwollene Strümpfe	18	„
1 Dutzend Hausschürzen	36	„
1/2 „ feinere Hausschürzen	22	„
Summa	389	Mk.

9. Fremdenbetten.

1 Bettstelle	48	Mk.
1 Sprungfederboden	45	„
1 Roßhaarmatratze	72	„
1 „ „ Keilkissen	21	„
1 Unterbett	39	„
1 Deckbett	42	„
2 Kopfkissen	27	„
	294	Mk.

Transport	294	Mk.
Bettwäsche, dazu 6 kompl. leinene Bezüge, 1 Deckbett 2 Kopfkissen, 1 Laken à	159	„
2 einfache Steppdecken	36	„
1 seidene „	72	„
2 Bettdecken „	36	„
Summa	597	Mk.

10. Leibwäsche.

2 Dtz. glatte leinene Frauenhemden . .	150	Mk.
1 Dtz. languetierte Frauenhemden . .	96	"
1 Dtz. feingestickte Frauenhemden . .	144	"
1 Dutzend Shirting-Nachthemden . . .	78	"
1/2 Dtz. feingestickte Nachthemden . . .	54	"
1 Dtz. Nachtjacken m. einfacher Stickerei	66	"
	588	Mk.

Transport	588	Mk.
1/2 Dutzend elegante Nachtjacken	60	"
1 Dtz. leinene Nachthauben	36	"
1 Dtz. leinene Beinkleider, einfach . .	36	"
1 Dtz. leinene Beinkleider, elegant . .	78	"
1 Dtz. Kragen . . .	9	"
1 " Manschetten fein	12	"
3 Stck. Flanellröcke à 6	18	"
	837	Mk.

Aus: „Das goldene Buch der Frau", Adolphine Breithaupt, verw. Oberstabs- und Regimentsarzt, Chemnitz 1894

Im Sommer legte man Weißwäsche auf eine Wiese zum Bleichen, bis mittags eine Seite der Sonne zugewandt. Dann wurden alle Stücke umgewendet und mithilfe einer Gießkanne erneut mit Wasser befeuchtet. Bei schlechtem Wetter wurde die Wäsche auf dem Söller

Solche praktische Frauen-Charaktere und junge Damen, welche aus eigenem Interesse so recht nach Herzenslust sich ihrem natürlichen Berufe widmen, sind die glücklichsten Naturen, sie kennen nicht die Langeweile, welche die natürliche Ursache so vieler falscher und unklarer Geistesrichtungen, Launen und Unzufriedenheiten bilden, sie sind glücklich in ihrem richtigen Wirkungskreise und darum auch beneidenswerth.

Aus: „Der Führer der Jungfrau und Frau", F. Lesser, Erfurt, o. J.

aufgehängt. Dazu füllte das Dienstmädchen Körbe mit den nassen Teilen, trug sie von der Waschküche im Keller über 2 Etagen und zuletzt über eine Leiter auf den Dachboden hinauf. „Mutter hätte die schweren Körbe nie schleppen können, sie war ja so zierlich gebaut".

Der Söller war rußig. Deshalb mußten vor dem Aufhängen alle Leinen gründlich abgewischt werden. Wenn beim Aufhängen ein Teil auf den rußbedeckten Boden fiel, wurde es erneut gewaschen. Das anschließende Bügeln der mit Rüschen, Biesen, Borten, Spitzen verzierten Teile besorgte wiederum das Dienstmädchen auf einem Bügelbrett in der Küche.

Essen und Trinken

Kücheninterieur.

Aus: „Die Welt der Frau", Jg. 1909

Während die Mutter noch schlief, bereitete das Dienstmädchen das Frühstück für Kinder und Vater zu: Tee und Kaffee – während der Kriegsjahre mußten die noch grünen Kaffeebohnen selber geröstet werden – dazu gab es Butterbrote mit selbstgemachter Marmelade, von der Großmutter hergestellt, die einen Garten hatte. Mutter frühstückte später in Ruhe.

Feinerer Küchenzettel.

Sonntag:	Kaisersuppe, Englische Austern mit Sauerkraut, Rehrücken in Madeira mit Trüffeln und Croquettes, Gefrorenes.
Montag:	Falsche Schildkröten-(Mocturtle-) Suppe, Forellen mit Kartoffeln, Rebhühner mit Salat, Punschcreme.
Dienstag:	Fleischbrühe mit Sago und Eierstich, Mürbebraten mit jungen Erbsen, Fasan und Salat, Nußpudding.
Mittwoch:	Braune Fleischbrühe mit fein geschnittenem Wurzelwerk, Blumenkohl mit Croquettes, Wildschweinsbraten mit Salat und Kompott, Brotpudding mit Sauce.
Donnerstag:	Krebssuppe, Spargel mit Zunge, Schnepfen mit Kompott und Salat, Fruchteis.
Freitag:	Weinsuppe, Salm in Gelee mit Mayonesensauce, Hirschbraten mit Kompott und Salat, Kalter Kabinettspudding mit Chadeausauce.
Sonnabend:	Krebssuppe, Spinat mit Fleischpasteten, Fasan mit eingemachtem Obst und Salat, Pudding à la reine.

Aus: „Häuslicher Ratgeber", Praktisches Wochenblatt für alle deutschen Hausfrauen, Jg. 1897

Nachdem das Dienstmädchen eingekauft und das Essen vorbereitet hatte – Kartoffeln geschält, gerieben, Gemüse geputzt – bereitete

Mutter das Essen zu: Bier-, Brot-, Graupen-, Erbsen-, Bohnen- und Linsen- oder Dörrobstsuppen ..., Wirsing- und Möhreneintopf, „Himmel und Erde", Reibekuchen, Pfannkuchen, Schmorbirnen, eingelegte Kürbisse, Dörrobst mit Nudeln oder Reis mit Zimt und Zucker. Als Fleisch gab es vor allem: Geflügel (Tauben, Huhn, Ente, „Kapaun", Fasan, Rebhuhn ...), oder Wild (Reh-, Hirsch-, Hasen-, Wildschweinbraten ...). Freitags gab es Stockfisch.
Seit dem Krieg hatte sich der Küchenplan verändert, aber „Mutter konnte aus nichts was machen". Sie war „eine richtige Kochkünstlerin". Wenn zur Mittagszeit die Kinder aus der Schule und Vater vom Büro kamen, war im Wohnzimmer der Tisch gedeckt, mit Blumen geschmückt, mit weißer Tischdecke, Servietten und Blumen dekoriert. Das Dienstmädchen trug die Speisen auf und aß anschließend selber in der Küche. Der Vater lobte Mutters Kochkünste „köstlich, Luise, köstlich!".
Nachmittags gab es Kaffee und Kuchen, den Mutter selber gebacken hatte oder man erhielt ihn bei Kaffeebesuchen. Abends gab es „Bütterchen" mit Wurst und Käse.
Wenn Besuch kam, ließ sich Mutter immer etwas Besonderes einfallen.

Hier ist Neues, eine ganze Menge! Wählen sie nur, verehrte Gastgeberinnen. Auch in der Wahl liegt Kunst.

Für Abendessen, bei denen die Suppe in Tassen serviert wird, gibt es eine allerliebste, sehr erfolgreiche Überraschung: Goldbouillon! In der Kraftbrühe flimmert und schimmert es wie eitel Gold! Es lockt, verleitet zu Frag' und Antwort, macht Stimmung, dieses Gold in der Tasse! Und dabei ist der Scherz sehr einfach herzustellen: minimale Flöckchen Gold — bei Vergoldern erhältlich — werden, genau wie beim Danziger Goldwasser, in jede Tasse vor dem Zutischgeben geworfen.

Aus: „Die Welt der Frau", Zeitschr., Jg. 1909, H.v. Schroetter
„Was man in diesem Winter speist"

Delikatessen (Gebäck, Konfekt) und Genußmittel (Kaffee und Tee) konnte Vater bei seiner Firma billig einkaufen. Deshalb war die Familie mit Produkten des Importhandels immer gut versorgt.

Freizeit

Während Vater am liebsten allein war – sonntagsmorgens machte er Spaziergänge im Wald, „in der Natur kann man seine Sorgen vergessen“ – verbrachten Mutter und die Kinder ihre Freizeit mit Geselligkeiten.
Die Nachmittage wurden dazu genutzt, Besuche zu machen oder zu empfangen. An den meisten Tagen war bei den Kindern „Remmi-Demmi“: Mit anderen aus der Nachbarschaft tobten und spielten sie in der Wohnung, machten Musik und Krach mit den erlernten Instrumenten – Hans und Grete hatten Klavier- und Heinz Klarinettenunterricht – und mit Hausgerät: Brottrommel, Kochtöpfen, Topfdeckeln, Türen, Kochlöffeln ... Der Hausbesitzer war oft verärgert über die „Ungezogenheit“ der Kinder. Vater war deshalb besorgt, daß man ihm die Wohnung kündigen könnte. Hans war ein Spötter. Er machte sich über den Hausbesitzer gerne lustig. Mutter blieb unbekümmert. Die Eltern verboten nichts.

Spielende Kinder, (um 1913, Herkunft unbekannt)

Wenn Mutter einmal in der Woche ihr Kränzchen empfing, wurden die Aktivitäten der Kinder eingeschränkt. Stattdessen hielt Mutter sie an, sich „ein bißchen hübsch zu machen“. Dafür wurden sie von den Damen des Kränzchens bewundert und gelobt „was hast du wieder für ein entzückendes Kleid an, ist es neu?“

Sieht man bescheiden situierte Leute bei sich, so muß man es möglichst zu verhindern suchen, daß andere Besucher in ihrer Gegenwart zuviel von kostspieligen Vergnügungen und luxuriösen Lebensgewohnheiten im allgemeinen sprechen.

Man muß in diesem Falle versuchen, der Unterhaltung einen möglichst anspruchslosen Anstrich zu geben. Es gehört überhaupt zu den Hauptaufgaben der Besuchempfänger, der Unterhaltung in ihrem Salon einen möglichst allgemeinen, harmlosen Charakter zu geben.

Aus: „Der gute Ton“, Emma Kallmann, Berlin, o.J.

Einmal in der Woche traf sich die Mutter mit Tante Emmi und Tante Lehnchen zu einem Spaziergang am Ufer der Ruhr, um unterwegs im „Ruhrstern“ Kaffee zu trinken. Dazu wählten sie hübsche Kleider aus, denn unterwegs begegnete man oft Bekannten. Ansonsten verbrachte Mutter die Nachmittage mit Handarbeiten (Deckchen, Kaffeewärmer, Bonbonnieren), Malen (Mutter besaß eine Staffelei und malte in Öl), oder Lesen und Musizieren. „Mutter war allem Schönen und Edlen“ aufgeschlossen.

2. Allerlei Nützliches

Da unsere Damenwelt vor allem feine Parfüms sehr liebt, wird es ihr angenehm sein, hier Rezepte zu finden mit deren Hilfe sie sich allerlei Parfüms rc. billig und schön mit eigener Hand herstellen kann. Diese Beschäftigung gewährt eine angenehme Zerstreuung in sonst vielleicht langweiligen Stunden und ist eine Abwechslung an Stelle der Stickerei, zu der kaum noch eine Verwendung gefunden werden kann.

Aus: „Das goldene Buch der Frau", Adolphine Breithaupt, verw. Oberstabs- und Regimentsarzt, Chemnitz, 1894

Kein Konzert oder Theater, keine Oper oder Operette wurde versäumt: „Götterdämmerung" oder „Fräulein Puck", „Der fidele Bauer", „Gräfin Marizza" … Obgleich es nicht einfach war, immer Karten zu bekommen – die Vorstellungen waren meist ausverkauft und Abonnements gab es nicht – gelang es durch Beziehungen, stets Karten zu erhalten. Die Kinder wurden schon frühzeitig in jede Kindervorstellung geführt: Märchenspiele, Weihnachtsmärchen, Kinderopern: „Die Puppenfee", „Hänsel und Gretel", „Der gestiefelte Kater".

Toilette hat man dem Theater, das man besucht, entsprechend zu machen.

Für kleinere Theater genügt Promenadentoilette mit helleren Handschuhen, in großen königlichen Theatern ist Gesellschaftstoilette am Platz, da man großen Kunstleistungen mindestens so viel Weihe seiner äußeren Erscheinung entgegenzubringen hat wie rein gesellschaftlichen Zwecken.

Neuerdings werden von den Intendanzen sogenannte Galaabende berücksichtigt, bei welchen dem Publikum vollkommene Gesellschaftstoilette

nicht bloß der gute Ton, sondern zwangsmäßige Vorschrift auferlegt. Damen erscheinen in hellseidenen Roben, mit Edelsteinen und Blumen geschmückt, auch dekolletiert. Herren im Frack, weißer Krawatte, Lackschuhen, hellen Glacés. Neueren Tons ist für Herren bei solchen Gelegenheiten, sowie auch für Diners, kleinere Gesellschaften und Formbesuche, der Smoking guter Ton.

Aus: „Der gute Ton", Emma Kallmann, Berlin, o.J.

Geburtstag

Die Geburtstage aller Familienmitglieder wurden im Eßzimmer gefeiert, das jedesmal durch Reinigen, Ausräumen der abgestellten Gegenstände und Vorheizen über mehrere Tage hergerichtet wurde. Das Dienstmädchen säuberte, Mutter schmückte den Raum.
Die Kinder durften einladen, wen sie wollten. Gefeiert wurden die Kindergeburtstage mit Kakao und Kuchen auf festlich gedeckter Tafel und mit Spielen: Schlange ziehen ..., Wir reisen nach Amerika, wer geht mit ..., Rausgehen und etwas raten ..., Blinde Kuh, Pfänderspiele: Dubbeldupp, was soll der tun, dem dies und das gehört? Der soll 3 Küßchen geben, ... in den Arm nehmen.
Einmal hatte Grete die halbe Klasse, mehr als zwanzig Kinder, eingeladen. Mutter hat darüber gelacht.

Es muß den Dienstboten zeitig eingeschärft werden, daß sie dieselbe Aufmerksamkeit und Höflichkeit, welche sie der Herrschaft schuldig, auch gegen die Freunde und Gäste des Hauses beobachten.

Aus: „Der Führer der Jungfrau und Frau im häuslichen und geselligen Leben",
Herausg. F. Lesser, Erfurt o.J. (Ende 19. Jh.)

Wenn Erwachsene Geburtstag hatten, feierte die Familie mit Verwandten, den Großeltern, den Geschwistern des Vaters (er hatte

8 Geschwister, Mutter war einziges Kind) und manchmal kamen noch entfernt verwandte Gäste aus Holland dazu. Nachmittags gab es Kaffee und Kuchen, Punsch, abends Bowle. Danach wurde gesungen. Mutter ließ sich nie lange nötigen. Sie hatte eine schöne Stimme. Wenn die Gäste es wünschten, sang sie „ihr Lied“:

„Kennst du das Land, wo die Zitronen blühn?
Im dunklen Laub die Goldorangen glühn,
Ein sanfter Wind vom blauen Himmel weht,
Die Myrte still und hoch der Lorbeer steht?
Kennst du es wohl? Dahin, dahin
Möcht ich mit dir, o mein Geliebter, ziehn.“

Jeder hatte sein Lied, das auf Festen dargeboten wurde. Vaters Lied war:
„Was frag ich viel nach Geld und Gut, wenn ich zufrieden bin.
Hab’ ich nur gesundes Blut, so hab’ ich frohen Sinn
und sing aus dankbarem Gemüt mein Morgen- und mein Abendlied.“
Tante Emmi sang „Das Gebet einer Jungfrau“ und Tante Lehnchen „Alpenglühn“. Die Kinder machten sich über den Gesang der Tanten heimlich lustig: „Jetzt beginnt wieder das Gewitter im Nachttopf ...“

Weihnachten

Die Weihnachtsvorbereitungen begannen mit dem Herrichten des Eßzimmers. Mehrere Tage vor dem Fest wurde das Zimmer täglich eingeheizt. Das Ingangbringen des Kachelofens erforderte viel Mühe. Am ersten Tag ging die Flamme immer wieder aus. Bis sie endlich durchbrannte, mußten immer wieder Kohlen aus dem Keller geholt und aufgelegt werden. Dazu war das Einheizen ein mühevoller Kampf gegen Qualm und falsche Zugluft. Richtig warm wurde es erst, wenn das Ofenfeuer von den Flammen der Christbaumkerzen unterstützt wurde und sich viele Leute im Zimmer aufhielten.

Reklame-Anzeige für Christbaumschmuck von 1913

Danach wurde die aus lauter kleinen Kristallteilen bestehende Lüsterlampe geputzt: Dazu stieg das Dienstmädchen auf eine Leiter, die von der Mutter gestützt wurde und reinigte jedes Kristallteil einzeln von Fliegendreck. Dabei arbeitete es mehrere Stunden mit hochgestreckten Armen. Später putzte das Dienstmädchen die Fenster und bürstete die Teppiche knieend aus.

Während das Dienstmädchen die Reinigungsarbeiten versah, richtete Mutter den Gabentisch her und sorgte für den festlichen Schmuck des Raumes.

Ein langer Tisch war vor die Wand geschoben und ausgezogen. Unter einem mit Tannenzweigen besteckten weißen Tuch wurden die

Geschenke gesammelt und bis zum Heiligabend versteckt. Der Christbaum wurde mit silbernen Kugeln, gläsernen Vögeln und anderen Figuren, Lametta, Engelshaar und weißen Kerzen geschmückt.
Am Weihnachtsnachmittag mußten die Kinder zunächst baden und sich festlich kleiden. Wenn es dunkel wurde, läutete Vater mit einer Glocke die Bescherung ein: Die Falttüre zum Eßzimmer wurde weit geöffnet, die Christbaumkerzen waren angezündet. Mutter saß am Klavier, das man für die Weihnachtstage ins Eßzimmer geschoben hatte und stimmte die Weihnachtslieder an, die vor der Bescherung „gesungen werden mußten": Es ist ein Ros' entsprungen ... Stille Nacht ... Süßer die Glocken nie klingen.

Es ist ein Ros' entsprungen
Aus einer Wurzel zart,
Wie uns die Alten sungen,
Von Jesse kam die Art.
Und hat ein Blümlein bracht
Mitten im kalten Winter
Wohl zu der halben Nacht.

Das Röslein, das ich meine,
Davon Jesaias sagt,
Hat uns gebracht alleine
Marie, die reine Magd.
Aus Gottes ew'gem Rat
Hat sie ein Kind geboren
Wohl zu der halben Nacht.

Aus: „Ihr Kinderlein kommet" (Liedersammlung)
Hg.: Nürnberger Kaufhaus, um 1930

Erst dann wurde feierlich das Tuch vom Gabentisch abgehoben, unter welchem sich für jedes Familienmitglied eine Ecke mit verpackten Geschenken befand.

Nach der Bescherung, dem Auspacken, Begutachten und Danken wurde das Festessen serviert: Wild- oder Gansbraten.
Während der Weihnachtstage blieb das Eßzimmer der festliche Treffpunkt für die Familie und Gäste.

Spiel

Neben „besonderen Überraschungen", die der Vater von Reisen mitbrachte (mechanischen Kuriositäten), besaßen die Kinder all diejenigen Sachen, die für Jungen und Mädchen üblich waren: Puppen, Puppenwagen, Puppenbett, Puppenstube, Näh- und Stickzeug für Grete und Ritterfiguren, Schaukelpferd, Eisenbahn, Baukästen für die Jungen.

Aus: Spielwarenkatalog der Fa. Zwieback & Bruder, Wien 1914

Spielzeug war schnell kaputt: Dem Schaukelpferd fehlte der Schwanz und das Fell hing vom Körper, den Puppen waren die Glasaugen eingedrückt oder die Haare abgeschnitten. Ohne Arme oder Beine wurden sie zum Krankenhausspielen benutzt.
Mechanisches Spielzeug funktionierte meist nur einen Geburtstag lang.

Eine besonders schöne Puppe mit Porzellankopf war bereits am gleichen Tag kaputtgegangen, an welchem Grete sie geschenkt bekommen hatte.

Aus: Spielwarenkatalog der Fa. Zwieback & Bruder, Wien 1914

Tiere waren ebenfalls Spielpartner der Kinder: Der Dackel „Waldi" wurde am Fangen- und Versteckspiel beteiligt. Er wurde im Bett versteckt und angekleidet. Waldi war immer da, wo sich die Kinder aufhielten. Eine Katze gehörte ebenfalls zum Hausstand. Der Kanarienvogel „Mantzchen" war in einem Käfig im Wohnzimmer untergebracht. Den Tag über ließ man ihn in der Wohnung frei herumfliegen. Der Bruder hatte weiße Mäuse gezüchtet, die nach kurzer Zeit aus ihrem Käfig ausgebrochen waren. Erst nachdem man bemerkte, wie sehr sie sich in der Wohnung vermehrten, versuchte man, sie wieder einzufangen.

Aus: „Daheim", ein deutsches Familienblatt, Jahrgang 1910

Ansonsten wurden Möbel und Hausgeräte zum Spielen benutzt. In Betten und Schränken spielten die Kinder Verstecken, das Bügelbrett wurde als Rutschbahn gegen die Tischkante gelehnt. Unter

Tischen und in Nischen bauten sie mit Hilfe von Tüchern und Wäscheklammern „Kinderstübchen". Stühle und Sessel wurden zu Straßenbahnen zusammengestellt. Wenn sich die Kinder verkleideten, waren nur Mutters Hüte tabu.
Zusammen mit Nachbarskindern hatte man ein „Rotkreuzlazarett" organisiert. In der Diele war aus Stühlen und Tüchern ein Zeltlager aufgebaut. Dazu hatten die Kinder das Bügelbrett als Tragbahre eingesetzt. Alle Kinder waren mit weißen Tüchern und rot aufgemalten Kreuzen als Sanitäter und deren Gehilfen gekennzeichnet. Der ältere Bruder war Sanitätsarzt, die Mädchen Krankenschwestern, die Jüngsten wurden als Verwundete mit weißen Tüchern verbunden. (Vater war im Krieg selbst Sanitäter gewesen).
Ein Theaterspiel wurde über zwei Jahre vorbereitet, ausprobiert, aufgeführt, verändert und wiederholt: „Peterchens Mondfahrt". Nachdem die Kinder das Stück im Theater gesehen hatten, begann zunächst der große Bruder, die Puppen nachzubauen: die Windhexe, den Donnergott. Danach hatte er eine Bühne aus Holzplatten hergestellt und mit Szenen aus dem Stück angemalt.
Danach probten die Kinder gemeinsam den Handlungsablauf: Der große Bruder führte selbst die Puppen und deren Sprache. Die jüngeren Geschwister teilte er für bestimmte Hilfsaufgaben ein: Grete durfte das Licht bedienen, den Donner mit der Brottrommel erzeugen, beim Auftritt der Blitzhexe mit einer Lampe blitzen und an einer dramatischen Szene eine Türe schlagen. Der jüngere Bruder war wegen seiner hellen, klaren Stimme zum Singen eingesetzt:

„War einst ein kleines Käferlein,
Hatte zwei braune Flügelein,
Und sechs Beinchen hatte es auch
Unter seinem schwarz-weißen Bauch.
Saß auf einem grünen Baum,
Träumte einen schönen Traum,
Träumte von Sonne, Mond und Sternen
Und von fremden Länderfernen!"

Später bauten die Kinder in der Diele einen Theaterraum auf: Alle Stühle der Wohnung wurden in Reihen aufgestellt, vorne die gepolsterten, hinten die mit Holzsitz. Dazu hatten die Kinder Plakate gezeichnet und diese in der Straße aufgehängt. Zu den Aufführungen, die mehrmals wiederholt wurden, kamen Verwandte und Kinder aus der Nachbarschaft. Mutter machte alles mit, sie freute sich, wenn die Kinder Freude hatten, das Dienstmädchen räumte nach den Aufführungen auf. Der Hauswirt beschwerte sich wegen der vielen Fremden im Haus.

> Eine Beschäftigung, die das Kind aufs köstlichste unterhält und von größtem Einfluß auf die Erziehung desselben ist, sind Aufführungen verschiedenster Art, vom Puppentheater und Lebenden Bild bis zum wirklichen Theaterspiel.
>
> Wir erleben es täglich, daß Menschen, die eine gewandte Sprache, ein ungeniertes, natürliches Auftreten besitzen, ihren Mitmenschen in der Karriere wie im gesellschaftlichen Leben vorgezogen werden. Ein guter Redner ist gesucht, eine gewandte, repräsentativ wirkende Persönlichkeit ist überall der Mittelpunkt des geselligen Lebens.
>
> Aus: „Mutter und Kind", Ein Lexikon der Kinderstube, I. v. Wedell, Stuttgart, o. J.

Schule

Grete besuchte von der ersten Klasse an ein Lyzeum für Mädchen, die Luisenschule. Die Brüder Hans und Heinz waren Gymnasiasten. Für Lyzeum und Gymnasium zahlten die Eltern Schulgeld. Schulbücher mußten sie selber kaufen.
Anläßlich einer Schulfeier legte der Rektor die Grundsätze seiner Erziehungsaufgabe wie folgt dar: „Die deutschen Mädchen zu erziehen zur Schlichtheit, Geradheit und Einfachheit, um eine Jugend herauszubilden, die abhold allem leeren Prunkt, wahr und aufrichtig ist und die Reinheit der Sitten hochachtet."

Schülerinnen der „Luisenschule" um 1919 (aus: Privatbesitz)

Aus: „Festschrift zur Hundertjahrfeier der städt. Luisenschule ..."
Mülheim a. d. Ruhr, 1952

Grete ging gern zur Schule. Schularbeiten wurden während des Spielens ohne Überwachung durch die Erwachsenen erledigt. Als der Bruder während der Flegeljahre eine „Ehrenrunde drehen" d. h., die Klasse wiederholen mußte, machte man daraus kein Aufhebens.

Unsere Töchter lernen im allgemeinen viel zu viel, das heißt von zu vielem etwas. Ihr Wissen bleibt Stückwerk, und eine traurige Halbbildung. Es zeigt sich, sobald der Ernst des Lebens an sie herantritt. Werden sie gefragt: „Welchen Beruf willst du nun wählen? sind sie zu keinem vorbereitet. Die Häuslichkeit ist ohne Interesse für sie, scheint ihnen zu kleinlich, sie haben keine Lust dazu. Sie haben ja so viel gelernt!! Hier liegt das Übel unserer Zeit. Daher sollte das Augenmerk der Eltern vor allem darauf gerichtet sein, den Töchtern nicht mehr Wissenschaftliches lernen zu lassen, als es die Verhältnisse fordern. Dies heißt zuerst ihre Muttersprache rein und gut sprechen, einen orthographisch richtigen Brief in angenehmen Stil schreiben, Weltgeschichte, Geographie, Litteratur und die allgemeinen Naturgesetze kennen lernen.

Aus: „Das goldene Buch der Frau", Adolphine Breithaupt, verw. Oberstabs- und Regimentsarzt, Chemnitz, 1894

Ebenso interessierten sich die Eltern wenig für Schulnoten „genügend, das genügt", war Vaters Kommentar zu Gretes Zeugnisnoten.

Denn keine unserer Töchter würde wohl aus eigenem Antriebe einen Beruf ergreifen, wenn nicht die Verhältnisse dazu zwängen. Das kleine, froh jauchzende Mädchen, das sein Püppchen so zärtlich an sich drückt und ihm ein „Eia-poppeia" singt, thut uns im Herzen leid, wenn wir an seine fragliche Zukunft denken.

Aus: „Das goldene Buch der Frau", A. Breithaupt, Chemnitz, 1894

Zusätzliche Unterrichtsangebote, vor allem, wenn sie „künstlerischer Art" waren, nahm man gern an. Alle Kinder erhielten Musik-, Instrumentalunterricht: Klavier, Klarinette, Geige.

Grete hatte zusätzlich Unterricht bei der Tänzerin Travati in rhythmischer Bewegung und Tanz: „Links, zwei, drei, vier, rechts, zwei, drei, vier …“ und Malstunden.

Die Anmutsübungen: Richtiger Gang mit Rumpfbeugungen, um Geschmeidigkeit der Taillenbewegungen zu erzielen.

Sie ist in der Tat auch weit über ihren nächsten Zweck hinaus um so mehr zu empfehlen, als sich mit ihr eine kluge pädagogische Absicht verbindet: die kleinen Tänzerinnen werden früh Meister in der Selbstbeherrschung, ein Vorteil, der ihnen das ganze weitere Leben lang nützen wird.

Aus: „Die Welt der Frau“, Zeitschr. Jg. 1909, A. Steimann „Moderne Kindertanzkunst“

Eine Berufsausbildung hatten die Eltern für Grete nicht vorgesehen.

301. Der wahre Beruf der Frau.

A. Schon die Bibel deutet die hohe Bestimmung des Weibes an, indem Gott selbst spricht: „Es ist nicht gut, daß der Mensch allein sei; ich will ihm eine Gehilfin machen.“ Demnach erscheint des Mannes Dasein ohne die Frau unvollkommen, lücken- und mangelhaft und die Tätigkeit der Frau als eine wesentliche und notwendige Ergänzung zu dem Schaffen und Wirken des Mannes. „Der Mann muß hinaus ins feindliche Leben, muß wirken und streben und pflanzen und schaffen, erlisten, erraffen, muß wetten und wagen das Glück zu erjagen.“ (Schiller.)

Ganz anders ist der wahre Beruf der Frau. Er ist nach drei Richtungen hin von besondrer Bedeutung: Die Frau

B. I. **als Genossin des Mannes.**

1. Die Frau verschönt und erheitert des Mannes Dasein durch Anmut und Lieblichkeit.

   „Das Band der Ehgenossen ist ein zart vertraulich Band.“ („Der Cid“.)

   „Eine Tugend genüget dem Weib: sie ist da, sie erscheinet;
   Lieblich dem Herzen, dem Aug' lieblich erscheine sie stets!“
   (Schiller, „Tugend des Weibes“.)

2. Sie ist des Mannes treueste und aufrichtigste Freundin und Beraterin in allen Lebenslagen: im Glück wie im Unglück, in Freud' und Leid. Sie vermag die Falten auf seiner Stirne zu glätten, die der Kampf ums Dasein, die des Tages Last und Mühen ihm eingegraben; vermag den Ernst, der aus seinem Auge blickt, in heitern Scherz aufzulösen; vermag die Verzweiflung, die sein Haupt bedroht und seinen Sinn umdüstert, in süße Hoffnung umzuwandeln; vermag ihn, dem des Lebens Nöten das irdische Dasein verleiden wollen, zu neuer Lebens- und Schaffensfreudigkeit zu begeistern. „Treue Lieb' hilft alle Lasten heben.“ („Jungfrau v. O.“, Prol. I.)

   „Ein edler Mann wird durch ein gutes Wort
   Der Frauen weit geführt.“ (Goethe, „Iphigenie“ I, 2.)

   Beispiel: König Thoas.

II. **als Mutter.**

Nach der Ansicht der erhabensten Geister unserer großen Nation ist die Frau in erster Linie neben der Gattin auch Mutter und Erzieherin der ihr von Gott anvertrauten Kinder.

„O Mutterliebe, schönste Erdenblume,
Wer säng ein würdig Lied zu deinem Ruhme?“
(L. Brill, „Der Singschwan“, 3. Ges.)

„Drinnen waltet die züchtige Hausfrau, die Mutter der Kinder, und herrschet weise im häuslichen Kreise und lehret die Mädchen und wehret den Knaben.“ (Schillers „Glocke“.)

Sie sorgt für die körperlichen, geistigen und sittlichen Bedürfnisse der Kleinen:

1. für angemessene Speisen und Getränke, Kleider und Pflege. Warum? Wie?

2. sie ist ihre erste und beste Lehrerin und Erzieherin durch Gewöhnung, Beispiel und Wort, aber auch Lohn und Strafe.

III. **als Hausfrau**, als Leiterin und Ordnerin des Hauswesens.

„Und reget ohn' Ende die fleißigen Hände
Und mehrt den Gewinn mit ordnendem Sinn."

Sie ist die Trägerin der Reinlichkeit und Ordnungsliebe, der Geschäftigkeit und Emsigkeit, der Sparsamkeit und Häuslichkeit und somit eine Hauptstütze des Vaters und der Familie. „Der ist am glücklichsten, er sei ein König oder ein Geringer, dem in seinem Hause Wohl bereitet ist." („Iphig. a. T." I, 3.)

C. Welch hoher, welch erhabener Beruf! Kurze Zusammenfassung. Heil dem Weibe, das seine Lebensaufgabe richtig erfaßt; Heil dem Gatten einer so würdigen Frau; Heil den Kindern einer so trefflichen Mutter! An ihr erfüllt sich des Dichters Wort:

„Ehret die Frauen! Sie flechten und weben
Himmlische Rosen ins irdische Leben."

Aus: H. Haselmayer „Deutsches Aufsatzbuch", Würzburg 1919 (gekürzt)

Ehepaar beim Nachmittagskaffee (um 1910, Herkunft unbekannt)

Reisen

Man reiste mit der Eisenbahn.
Die Sommerferien verbrachten Mutter und Kinder in der „Sommerfrische“ in Bad Oeynhausen. Sie wohnten jedes Jahr in derselben kleinen Pension und besuchten von dort aus die Großeltern, die in der Nähe wohnten. Großmutter konnte gut kochen und backen. Deshalb trugen ausgedehnte Mahlzeiten – besonders der Nachmittagskaffee mit Kuchen – wesentlich zur Erholung der Feriengäste bei.
Großvater betrieb eine kleine Zigarrenfabrikation. Manchmal beobachteten die Kinder die Arbeiterinnen bei ihrer Tätigkeit: In Bankreihen hintereinander sitzend zerschnitten, rollten und klebten sie die getrockneten Tabaksblätter zu Zigarren. „Es sah aus wie in einer Schule.“
Gutes Wetter nutzten Mutter und die Kinder für kleine Spaziergänge in die umliegenden Wälder. Auf einer „idyllischen“ Waldlichtung spannte Mutter ihre Hängematte auf, um darin zu ruhen oder zu lesen, während die Kinder in der Umgebung Schmetterlinge fingen oder Blumen, Kräuter und Beeren pflückten.
Vater verbrachte seinen Urlaub im Herbst in der Jagdhütte des Chefs im Westerwald. Grete konnte manchmal mitfahren. Am liebsten machte Vater dort ausgedehnte Wanderungen, die er bei Sonnenaufgang antrat. Grete durfte mitgehen, wenn sie wollte. Unterwegs verweilte Vater oft, um „die schöne Aussicht zu genießen“ oder Tiere mit seinem Fernglas zu beobachten.
Manchmal reisten Mutter und die Kinder nach Holland, um Verwandte zu besuchen. Während der „unruhigen Jahre“ (Besetzung des Ruhrgebiets durch die Franzosen) war die Fahrt beschwerlich. Einmal mußten sie ein Frachtschiff benutzen, um von Ruhrort nach Amsterdam zu gelangen – „und das mit 3 Kindern und dem vielen Gepäck“. Hüte und Kleider füllten Koffer und Schachteln. Manchmal nahm Mutter sogar ihre Staffelei mit, denn Holland bot „so hübsche Motive“ zum Malen: alte Windmühlen, malerische Brücken und idyllische Gassen.
Von der weitverzweigten Verwandtschaft wurde die Familie stets herzlich aufgenommen und bewirtet. Die meiste Zeit verbrachten Mutter und Kinder mit Tanten und deren Kindern, mit Besuchen und „Plauderstunden“ bei Kaffee, Kakao und Gebäck. Onkel Jo und

Männergesellschaft, Wanderer (um 1910, Herkunft unbekannt)

Damengesellschaft mit Kindern (um 1910, Herkunft unbekannt)

Onkel Piet hatten lange Zeit in niederländischen Kolonien, in Surinam und auf den Philippinen verbracht. Sie wußten geheimnisvolle Geschichten zu erzählen und hatten ihre Wohnungen mit exotischen Andenken und Kuriositäten geschmückt.

Politik

Vater war seinem Vaterland treu ergeben. Er wählte Deutsch-National. Mutter schloß sich seiner Wahl an. Sie selbst hielt das Andenken der Königin Luise in Ehren, die ein paar Tage ihrer Kindheit im Schloß der Stadt M. verbracht hatte.

„Mancherlei Andenken an die Prinzessin, wie Schleifen, Tassen, Pantoffel, wurden in alten Familien M.s als heiliges Vermächtnis aufbewahrt“.

Aus: F. Michels, Königin Luise …., Mülheim/Ruhr, o.J.

Ihr Andenken war in den Namen von Mutter und Tochter sowie im Namen des Lyzeums vertreten, das beide besucht hatten: „Luisenschule“. Im Königin-Luise-Bund, dessen Mitglied Mutter war, wurden Ereignisse aus dem Leben der Königin in lebenden Bildern wiedergegeben: Luises Versöhnung mit Napoleon ..., Luises Ankunft in M. ... Mutter fiel die Rolle zu, die Königin selbst darzustellen. Mit ihrem „zarten Gesicht, den zierlichen Händen und ihrer feinen Art“ hielt man sie für besonders geeignet. „Mutter lebte richtig in ihrer Rolle.“
Angst hatte die Familie vor den Roten: Bolschewisten, Spartakisten, Kommunisten.
Von den zur Straße gewandten Fenstern aus konnte man sie auf Lastwagen „gröhlend“ vorbeifahren sehen. Sie hatten rote Fahnen aufgesteckt, die Frauen trugen rote Kopftücher und hielten rote Rosen – „alles rot wie Blut“.
Nach der Emigration des Kaisers hatten sie das Spottlied aufgebracht:

„O Tannenbaum, o Tannenbaum,
der Kaiser hat im Sack gehau'n.
Er trägt jetzt einen Henkelmann
und fängt bei Krupp als Dreher an“.

Auf der Brücke, die Vater zwischen Wohnung und Büro überqueren mußte, hatten sie Straßensperren errichtet – „für nichts und wieder nichts“. Auf jedem Gang von und zur Arbeit mußte er sich ausweisen „mit geballter Faust in der Tasche“ – „von jungen Schnöseln wurden sie kontrolliert, ehrbare Bürger, die sich nie etwas hatten zu Schulden kommen lassen.“ Die Familie hatte Angst um Vater. Abends stand Mutter am Fenster und beobachtete die Straße bis er kam.
Einmal hatte die Familie Geburtstag bei Tante Emmi im Nachbarvorort gefeiert. Es war spät geworden. Die Straßen waren wie „leergefegt“. Man hatte Angst vor dem Heimweg. Da beschlossen alle Gäste des Abends, die Familie heimzubegleiten: Onkel und Tanten, Eltern und Großeltern faßten sich an der Hand, nahmen die Kinder zwischen sich und liefen nebeneinander in einer Familienkette heim.
Die Angst wuchs, nachdem man eines morgens erfahren hatte, daß sie den Wirt der Eckkneipe überfallen und ermordet hatten – „nur zwei Häuser weiter“ –.

Daheim

56. Jahrg. Nr. 29. 17. April 1920.

Aus der Zeit — für die Zeit.

Immer wieder reißt die Oberfläche auf, unter der die unheimlichen Gewalten am Werke sind, Deutschland zu zerstören und alles, was wir an Idealen, Gütern noch unser eigen nennen und das wenige, was uns an materiellen Gütern vielleicht noch geblieben ist, in den Abgrund zu ziehen. Wir müssen jeden Augenblick daran denken, daß der Boden, auf dem wir stehen, trügerisch ist. Der **Aufruhr im Ruhrgebiet** ist mit das Furchtbarste, was Deutschland seit dem unseligen Waffenstillstand erlebt hat, und zeigt uns, wohin wir kommen werden, wenn diese verbrecherischen, auf Raub, Plünderung und Mord bedachten Horden nicht mit eiserner Gewalt niedergehalten werden. Das ist das Entsetzliche, dem wir z. Zt. ins Auge sehen, daß die niedrigsten Instinkte die Oberhand gewinnen können und ungestraft ihr Wesen treiben. Man glaubt sich in die finstersten Zeiten des Mittelalters und des Bandenunwesens zurückversetzt, und es klingt wie

Das bewaffnete Gesindel (die sogenannte Rote Armee) im Ruhrrevier. Aufnahme der Atlantic-Photo-Co.

1

Original-Titelblatt der Zeitschrift „Daheim" vom 17.4.1920

Das „häusliche Glück“ der „einfachen Leute“ Lebensbericht der Marga S. (Forchheim/Oberfranken um 1928)

Mädchengesichter, Ausschnitt aus einem Konfirmationsfoto, um 1920 (Herkunft unbekannt)

Familie

1928, als Marga S. 10 Jahre alt war, hatte sie 7 jüngere Geschwister: Herta, Maria, Marianne, Berta, Anton, Leonhard und Karl-Heinz. Das 9. Kind war früh gestorben. „Es war so klein, daß es in einen Maßkrug gepaßt hätte".
Der Vater Anton S., war 32 und Arbeiter in einer Leimfabrik, die Mutter Katharina S., 31, Hausfrau.
Regelmäßig jeden Sonntag kam die Mutter vom Vater, „die Großmutter" und manchmal auch die Schwestern der Mutter, „die Tanten", dazu.

Klassenfoto, 1921 (Herkunft unbekannt)

Vater

Der Vater war eines von 4 Kindern einer Forchheimer Arbeiterfamilie. Sein Vater arbeitete in der Spinnerei, die Mutter (Großmutter) in der Weberei. „45 Jahre lang ist sie täglich eine Stunde hin und eine Stunde zurückgelaufen. Sie war schon müde, wenn sie zu Hause die Familie versorgt hatte und anschließend zur Arbeit gelaufen war." Nachdem ihr Mann mit 34 Jahren gestorben war, hatte sie die Familie allein versorgen müssen.

Hochzeitsfoto, um 1916 (Herkunft unbekannt)

Mutter

Die Mutter stammte aus einem Dorf in der „Fränkischen Schweiz". Ihre Eltern betrieben eine kleine Landwirtschaft zur Selbstversorgung: Nutzgarten, Obstbäume. Dazu hielten sie eine Sau, eine Geiß,

Geflügel und Kaninchen. Die Familie hatte 10 Kinder. Nachdem bei der Geburt des 11. und 12. Kindes, einem Zwillingspaar, die Mutter zusammen mit den Neugeborenen gestorben war, hatte Margas Mutter – 16jährig – die Versorgung von Landwirtschaft und Familie übernehmen müssen.

Wohnung

Die Familie wohnte in Forchheim in einer Arbeiterkolonie zusammen mit 15 anderen Mietparteien.
Jede der ebenerdigen Wohnungen bestand aus: „Vorplatz" (Flurraum), Stube und Kammer.
Der Vorplatz hatte einen Steinboden und weiß gekalkte Wände ohne Schmuck, keine Fenster. Eingerichtet war er mit einer Truhe, einem kleinen Tisch mit 3 Stühlen, einem Herd und einem Büffet für Geschirr. In der Ecke waren Kartoffeln und Tannenzapfen gesammelt.
Im Sommer hielt sich die Familie meist im Vorplatz auf. Dort wurde gekocht, gegessen, gewaschen. Die Türe blieb den ganzen Tag über zum Hof hin offen. Im Winter diente die Stube als Aufenthaltsraum. Sie hatte einen Holzboden (ohne Belag), weiß getünchte Wände mit Weihwasserbehälter rechts neben der Eingangstür (so niedrig, daß alle Kinder drankamen) und einem Kruzifix an der Wand. Die Einrichtung bestand aus einem Kachelofen, einem Tisch mit 4 Stühlen, einem Frisiertisch und 2 Betten. Die Stube war gleichzeitig Elternschlafzimmer. Alle Möbel hatte die Mutter aus einem Altenheim bekommen. Immer, wenn jemand gestorben war, ging sie mit einer Handkarre hin und holte Hausrat, den die Verwandten des Verstorbenen nicht mehr haben wollten.
Die Fensterbänke von Stube und Kammer waren im Sommer mit Geranien geschmückt (von Ablegern aus der Nachbarschaft gezüchtet). In der Kammer standen 2 Betten und ein Kleiderschrank. In jedem der Betten schliefen 4 Kinder, 2 am Fuß- und 2 am Kopfende, die Älteste zusammen mit dem Jüngsten. Die Betten waren mit einem Strohsack, je 4 Kopfkissen und einem Deckbett ausgestattet. Das Stroh wurde jeden Morgen aufgeschüttelt und jedes halbe Jahr

ausgewechselt. Die Mutter holte es mit einem Handwagen kostenlos von Bauern ab.

Im Hof gab es einen gemeinsamen Brunnen und für jede Familie ein eigenes Klo: ein Holzverschlag mit Brettbank, Loch und Deckel. An einem Nagel hing in handliche Teile zerrissenes Zeitungspapier zum Abputzen. Wenn der Vorrat verbraucht war, benutzte man einen Büschel Gras.

Auch unter den Arbeitern gibt es Gescheite und Dumme, Strebsame und Träge, Gelernte und Ungelernte. Das ist von beiden Seiten nicht — oder bei weitem nicht genügend — berücksichtigt. Von dem Einen wird es übersehen, von dem Anderen geflissentlich verschwiegen, und diese doppelte Schuld macht sich als wirtschaftlicher Fehler geltend. Die Sozialdemokratie wirft das Verdienst der Gelernten und Ungelernten zusammen und berechnet daraus ein unzureichendes Verdienst d e s deutschen Arbeiters.

Aber die Arbeitgeber können diesen Verhältnissen auch auf dem Gebiet der Wohnungsfrage Rechnung tragen, indem sie die Wohnungen nicht nach drei oder zwei oder gar nur einem einzigen Typus erbauen, nur von zwei oder drei oder vier Zimmern, sondern auch einfachere billige und bessere teurere, damit auch auf diesem Gebiet dem Arbeiter immer noch ein höheres, wohl erreichbares Ziel vor Augen schwebt, das ihn anspornt, in seinem und seiner Familie Interesse zu lernen, regelmäßig und fleißig zu arbeiten. Die bessere Wohnung, die er sich dann leisten kann, oder gar das eigene Haus, das er sich schaffen kann, wird ihm und seiner Familie zugute kommen, in den Augen der anderen das Ansehen seiner Person heben, sie zur Nacheiferung anspornen und ihn selbst mit freudigem Stolz über das Erreichte erfüllen.

Aus: „Haus und Heim im kleinen", Otto Friedrich Weinling, Düsseldorf 1911

Kleidung

Für sich selber und für den Vater kaufte die Mutter manchmal getragene Kleidung und Schuhe beim Juden Rosenthal. Alles, was die Kinder besaßen, hatte die Familie von anderen geschenkt gekriegt, wenn es ausgedient hatte. Die Kleidung war zusammen mit Flicklappen, Lumpen und Tüchern im Kleiderschrank der Kammer untergebracht. Da nicht jedes Kind Kleidung zum Auswechseln besaß, mußte sie je eine Woche lang „sauber" gehalten werden. Nachts behielten die Kinder ihre Unterwäsche an. Jeden Samstag war Waschtag. Alle Kinderkleider wurden im Vorplatz gewaschen, im Winter am Ofen, im Sommer im Hof aufgehängt und getrocknet, anschließend gebügelt, gestopft und geflickt. Wer keine Wechselkleidung hatte, hielt sich solange im Unterhemd in der Stube auf.

Zu einer Einrichtung für Wohn-, Schlafzimmer und Küche wäre bei sehr bescheidenen Verhältnissen etwa folgendes erforderlich:

I. Möbel.

	ℳ
1 Tisch für das Wohnzimmer mit Schublade z. Ausziehen	20,—
1 kleiner Tisch für das Schlafzimmer	6,—
6 Stühle à ℳ 3.—	18,—
2 Bettstellen v. Holz od. Eisen à ℳ 15.—	30,—
1 Kommode mit 4 Schublad.	24,—
Uebertrag ℳ	98,—

Uebertrag ℳ	98,—
1 Kleiderschrank, eintürig, lackiert	22,—
1 Wandbrett mit Vorhang	2,—
2 Vorhangbretter à 50 Pfg.	1,—
1 Waschständer m. emailliert. Geschirr	7,—
1 Spiegel	2,—
1 Wanduhr mit Wecker	6,—
Uebertrag ℳ	138,—

Uebertrag ℳ	138,—
1 Bank	2,50
1 Küchenschrank	20,—
1 Küchentisch m. Schublade	8,50
Uebertrag ℳ	169,—

Uebertrag ℳ	169,—
2 Küchenschemel	3,—
1 Anrichte	3,—
Sa. ℳ	175,—

II. Bettzeug und Wäsche.

	ℳ
2 Strohsäcke à ℳ 3,—	6,—
2 Seegrasmatratzen à 10,50	21,—
2 Kopfpolster v. Seegras à 2,50	5,—
4 Kissen à ℳ 3,50	14,—
2 Deckbetten à ℳ 12,50	25,—
2 weiße Waffelbettdecken à 2,—	4,—
6 Leintücher à ℳ 2,50	15,—
4 Deckbettüberzüge à ℳ 3,75	15,—
8 Kissenüberzüge à ℳ 1,25	10,—
1 Wachstuch für den Tisch	2,—
Uebertrag ℳ	117,—

Uebertrag ℳ	117,—
2 Tischtücher	4,—
1 Dtzd. Handtücher	6,—
6 Küchenhandtücher	3,—
1 Bügelteppich	2,—
1 Bügeltuch	1,—
12 Meter Vorhangstoff für's Wohnzimmer à 60 Pfg.	7,20
1 kurzer Vorhang für's Schlafzimmer	1,20
3 Staubtücher à 25 Pfg.	—,75
Sa. ℳ	142,15

III. Haus- und Küchengeräte.

	ℳ
1 Kohlenkasten mit Löffel	2,—
1 Feuerhaken	—,40
1 großer Waschtopf	3,60
2 eiserne Töpfe	2,60
1 Kuchenpfanne	—,80
1 Pfannkuchenschaufel	—,40
1 Schmälzpfännchen	—,40
2 irdene Kochtöpfe	—,70
2 steinerne Töpfe	—,70

Uebertrag ℳ	19,65
2 irdene Milchtöpfe	—,40
4 irdene Schüsseln	—,50
1 irdene Platte	—,15
1 Nudelbrett	2,50
1 Kuchenblech	—,50
1 Trichter	—,40
1 Korkzieher	—,20
1 Kaffee- und 1 Zuckerbüchse à 50 Pfg.	1,—

1 Durchschlag	–,80
1 Salzfaß	–,50
1 Waschschüssel	–,50
1 Seifenbecken	–,30
1 emaillierter Topf	1,20
1 Reibeisen	–,50
1 Küchenmesser	–,25
1 Kartoffelschäler	–,10
1 Kaffeemühle	1,50
3 kleine u. 2 große Kochlöffel	–,30
1 Schöpf- u. 1 Schaumlöffel	–,80
1 Wallholz	–,50
1 Kartoffeldrücker	–,30
1 Halblitermaß	–,50
Uebertrag ℳ	19,65
1 verzinnte Spülschüssel	2,–
1 Spülkettchen	–,15
1 emaillierter Wassereimer	2,25
1 verzinnter Putzeimer	1,40
1 Beil	1,–
2 kleine Krautständer à 2,–	4,–
1 Suppenschüssel	1,–
1 Fleischplatte	–,50
2 Gemüseschüsseln	–,90
6 Teller à 20 Pfg.	1,20
6 Tassen à 30 Pfg.	1,80
1 Salzfäßchen	–,10
6 Gläser à 15 Pfg.	–,90
1 Wasserkrug (steinern)	–,30
Uebertrag ℳ	42,80

Uebertrag ℳ	42,80
1 Kaffee- und 1 Milchkanne	2,–
1 Zuckerdose	–,50
1 Besteckkörbchen	–,50
4 Paar Messer und Gabeln à 60 Pfg.	2,40
6 Eßlöffel à 25 Pfg.	1,50
6 Kaffeelöffel à 10 Pfg.	–,60
3 Blechlöffel à 10 Pfg.	–,30
1 Salatbesteck	–,30
1 Stehlampe	2,30
1 Küchenlampe	1,50
1 Petroleumkännchen	–,50
1 Bügeleisen mit 2 Stählen	4,–
1 Waschzuber	3,–
100 Klammern	–,70
1 Waschseil	2,–
1 Waschkorb	1,50
Uebertrag ℳ	66,40
Uebertrag ℳ	66,40
1 Marktkorb	1,50
1 Haarbesen mit Stiel	1,40
1 Handbesen mit Schaufel	1,20
1 Schrubber mit Stiel	–,90
2 Wichsbürsten	–,80
1 Kleiderbürste	1,–
1 Seifenbürste	–,40
1 Wassersteinbürste	–,20
1 Ofenbürste	–,30
1 Ausklopfer	–,50
Sa. ℳ	74,60

Zusammenstellung:

Möbel	ℳ	175,–
Bettzeug und Wäsche	„	142,15
Haus- u. Küchengeräte	„	74,60
Sa.	ℳ	391,75

Aus: „Grundzüge der Haushaltungslehre", Elise Kühn, Nassau, 1908

Schuhe gab es für die Kinder nur im Winter. Vom Frühjahr bis zum November (bis die Füße blau gefroren waren), liefen sie barfuß. Ab November ging die Mutter nach Schuhen fragen (beim Pfarrer, im Altenheim, bei ehemaligen wohlhabenden Klassenkameradinnen ...) Getragen wurde, „was kam": Männerschuhe, Frauenschuhe ... Bei Regenwetter legten sich die Kinder Decken über den Kopf. Im Winter wickelten sie sich zusätzlich Decken um die Schultern.

Es darf aber auch um der Reinlichkeit willen nicht zuviel Wäsche verbraucht werden, denn diese macht viel Arbeit, kostet viel Seife und der Stoff leidet dabei. Die Leibwäsche wechsele man, da es der Gesundheit zuträglich ist, regelmäßig jede Woche; doch kann man beim Tragen von Kleidern und Schürzen viel sparen, wenn man sich bemüht, die Sachen bei der Arbeit zu schonen. So z. B. ist es nicht nötig, daß man sich bei der Küchenarbeit an den Tisch oder an den Wasserstein anlehnt; unsere langen Arme gestatten uns ganz gut, die Arbeit auch freistehend zu verrichten.

Aus: „Haushaltungslehre", Elise Kühn, Nassau, 1908

Essen

Frische Schweineknochen sind ebenfalls in mancher Speise ein guter Ersatz für das nöthige Fett. Den Werth der Markknochen, um kräftige Suppen zu erhalten, weiß jede Köchin zu schätzen; wenn die Metzger sich aber bis 20 Pfg. für das Pfund Knochen von Rindfleisch zahlen lassen, dann sind sie für eine Hausfrau in dürftigen Verhältnissen zu theuer. Frische Schweineknochen hingegen kosten per Pfund höchstens 4 Pfg., und wenn sie ausgekocht sind und wieder verkauft werden, bekommt man noch 2 Pfg. für's Pfund.

Aus: „Das häusliche Glück" … Haushaltungsunterricht für Arbeiterfrauen, M. Gladbach, 1882

Frühstück und Abendbrot erhielten die Kinder im Altenheim oder Kloster. Mittags gab es eine Schnitte mit Zuckerwasser oder Milchhaut mit Zucker. Der Vater nahm täglich eine doppelte Schnitte mit zur Arbeit. Getrunken wurde meist Wasser aus dem Brunnen. Wer krank war, bekam Pfefferminztee (von selbst gesammelten und getrockneten Kräutern).
Gekocht wurde in der Regel nur sonntags zu Hause. Dann gab es 20–30 Kartoffelklöße, (mit der Hand gerieben) mit einem Braten von einem Pfund Bauchfleisch (regelmäßiges Geschenk der Großmutter) und Salat. Für alle Speisen benutzte man Löffel, zum Trinken „Häferle", Becher ohne Henkel.

Alle anderen Eßwaren waren „Gaben“ wohltätiger Leute: Alle 4 Wochen wurde Marga zu einer Klassenkameradin der Mutter (Bäckersfrau) mit einem Zettel geschickt: „Ich kann meine 8 Kinder nicht ernähren und ich hab nichts. Du hast doch mehr wie ich. Gib ihr halt was.“ Die Bäckersfrau füllte dann das Netz mit Weckli „Geb her, dei Netzla, geh zu deiner Mutter, richt ihr an scheen Gruß aus, kannst in 4 Wochen wiederkommen.“ Jeden Freitag nach dem Zahltag brachte die Großmutter (Arbeiterin in einer Weberei) für jeden einen „Kipf“ (längliches Brot), dazu einen Backsteinkäse und $^1/_2$ Pfund Margarine mit.

Welch schöneren Lohn kann es für eine Frau geben, als nach einer gemeinsamen Mahlzeit ein dankbares Gesicht des Mannes und fröhliche Gesichter der Kinder zu sehen! Eine gute Hausfrau wird deshalb täglich, auch wenn die Mittel knapp sind, wenigstens eine ordentliche Mahlzeit zubereiten und nicht, wie es leider so häufig geschieht, dem ermüdeten Mann und den hungrigen Kindern Kaffee vorsetzen.

Aus: „Haushaltungslehre“, Elise Kühn, Nassau, 1908

Manchmal wurden die Älteren von der Mutter aufgefordert, sich die Schulbrote der Klassenkameraden zu beschaffen: „Nimm halt dena Bauernweibsbildern ihr Brot weg, die haben mehr wie mir …“. Wenn diese ihr Brot nicht hergeben wollten, kriegten sie „Trumschellen“ (Ohrfeigen). Dabei entstanden oft Schlägereien unter den Kindern.

Die Familie besaß einen kleinen braunen Spitz, Butzi. Eines Tages war Butzi weg.

Der Nachbar, Anton, bot der Mutter ein Stück Fleisch von einem angeblich frisch geschlachteten Stallhasen an. „Gib mir halt ein paar Zehnerl dafür.“ Später fragte er nach, ob das Fleisch geschmeckt habe. An seinem Lachen merkte Mutter, daß es der Butzi war. Sie hatte es schon geahnt. Da fing die Mutter „zu greinen an“. Anton meinte: „Hab mir schon gedacht, Kätla, daß wenn ich deinen schlacht, daß dann der Teufel los ist“.

„Es war aber ein gutes Fleisch. Früher war Hundefleisch das gesündeste.“

Einmal in der Woche, mittwochs, durfte Marga nach Th. zur Gräfin von T. fahren: Dabei transportierte sie 2 Taschen und ein Kind auf der Lenkstange eines Fahrrads und auf dem Rücksitz noch eines. In der Küche des gräflichen Landsitzes wurden sie von den Küchendamen empfangen: „Frau Gräfin, die lieben Kinderlein sind wieder da.“ Die Gräfin ließ Kaffee und Marmeladenbrote servieren. Während des Essens setzte sie sich zwischen die Kinder, strich ihnen über den Kopf und ließ sich von zu Hause berichten. Wenn die Kinder von Schlägen erzählten, war sie zu Tränen gerührt. Anschließend ließ sie die Taschen der Kinder mit Lebensmitteln füllen: Zucker, Reis, Grieß, Brot …, und manchmal steckte sie ihnen noch Geld zu.

> **Ich denke, Essen und Trinken ist nichts Unwichtiges im Leben. Es nimmt einen großen Raum ein in der Entwicklung der Völker, ja in der heiligen Schrift. Sieh einem Menschen unbemerkt zu, wie und was er ißt, in vielen Fällen wirst du beurteilen können, ob er ein gebildeter oder ein ungebildeter Mensch ist, ja manchmal sogar, ob etwas Göttliches in ihm lebt oder nicht.**
>
> Aus: „Komm mit“, Wochenschrift für junge Mädchen, 1928

Davon wurden zu Hause Schulden abbezahlt. Im Sommer und Herbst fuhr die Mutter mit den älteren ihrer Kinder über Land, um auf einsam gelegenen Feldern Kartoffeln, Gemüse, Kürbis zu

> **Was ist Sünde in bezug auf Essen und Trinken? Stelle einmal dieses Lebensgebiet unter göttliches Licht! Das „Zu viel“ ist Sünde. „Jetzt ist's genug von der Lieblingsspeise, jetzt hör auf!“ sagte die innere Stimme und wohl dir, wenn du ihr folgen kannst. Es gehört Gotteskraft zu solchem „Nein“ gegen sich selbst. Das zu Ueppige, zu Leckere ist Sünde. Einesteils sollen wir gewiß gut und kräftig essen, damit Gesundheit und Arbeitskraft erhalten bleibt, andererseits aber auch dem Luxus der Zeit nicht nachgeben, der nach den feinsten Genüssen trachtet.**
>
> Aus: „Komm mit“, Wochenschrift für junge Mädchen, 1928

„ernten“. Da damals viele Leute sich auf diese Weise Nahrung verschafften, mußte man oft weit gehen und vorsichtig sein, daß man nicht erwischt wurde.

Kirschen zu besorgen, war Aufgabe des Vaters. Nachts um 2.00 ging er los. Er hatte etwa 10 km zu laufen. Wenn er mit einem Korb voll Kirschen heimkam, leerte er diesen auf dem Stubenboden aus. Alle Kinder setzten sich im Kreis herum und konnten sich satt essen. Weil Marga, als der Ältesten, die Versorgung des jüngsten der Kinder aufgetragen war, konnte sie manchmal heimlich aus der Babyflasche (entrahmte Milch mit Zucker) trinken. Wenn dieses dadurch auffiel, daß das Baby nachts vor Hunger schrie, wurde Marga von der Mutter „verprügelt".
In Notzeiten (im Winter) blieb der Familie oft nur das „Fechten gehen" (betteln). Dann zogen die Mutter und die Älteren über Land und bettelten bei Bauern um Brot und Milch.

Tageslauf

Während die Mutter früh noch liegenblieb – „sie war immer etwas lebensunlustig und hatte kaputte Nerven" – stand Marga um 6.30 als erste auf. Nachdem der Ofen angeschürt war, putzte sie alle Schuhe. Danach wurden die jüngeren Geschwister gewaschen und angezogen. Um 7.30 ging sie (jeden Morgen) mit den 3 Älteren in die Kirche (zum Beten, daß es ihnen besser gehe) und anschließend ins Altersheim zum Frühstück. Das bestand entweder aus einer Suppe mit Grieß-, Reis- und Kartoffelresten oder aus Malzkaffee mit eingebrockten Brotresten. Anschließend brachte Marga die jüngeren Geschwister nach Hause und ging mit den älteren zur Schule. Die Schule dauerte vormittags bis 11.00. Währenddessen verrichtete die Mutter Hausarbeiten. Sie achtete streng auf Sauberkeit: Täglich wurden alle Böden ausgewischt. Mittwochs und samstags scheuerte sie den Stubenboden (auf den Knien hockend) mit Kernseife und Bürste sauber. Türen, Fenster und Möbel wurden oft abgewaschen. „Da konnte ihr keiner was nachsagen ..."

Gerade in einfachen Verhältnissen muß immer die größte Reinlichkeit herrschen; sie soll hier den Luxus ersetzen und an dessen Stelle das Heim freundlich und behaglich machen.

„Reinlichkeit sei deine Freude,
Sie ziert mehr als Gold und Seide."

Aus: Elise Kühn „Haushaltungslehre", Nassau, 1908

Nachmittags ging die Mutter Kräuter, Früchte, Holz ... suchen und sammeln.
Wenn Marga mittags nach Hause kam, erwartete die Mutter sie bereits mit einem „Milchhautbrot" und dem Kinderwagen mit den 2 jüngsten Geschwistern zum Kinderhüten. Im Wagen steckte eine Milchflasche. Bis zum späten Nachmittag mußte sich Marga mit den Kindern im Freien aufhalten (Wald und Wiese), wo sie die Kinder auch fütterte und trockenlegte. Den Nachmittagsunterricht in der Schule (täglich von 13.00–16.00) durfte sie meist nicht besuchen, weil sie die jüngeren Geschwister hüten mußte.
Abends um 6.30 lieferte sie den Kinderwagen zu Hause ab und ging dann mit den 5 übrigen Geschwistern ins Kloster zu den Patern essen. In einem mit Tisch und Stühlen eingerichteten Vorplatz erhielten die Kinder zusammen mit anderen „Armen", meist alten Leuten, ein Brot manchmal mit Aufschnitt und eine Kanne Tee. Gegen 8.00 mußten alle Kinder ins Bett. Marga schlief mit dem Baby. Sie hatte dafür zu sorgen, daß es nachts nicht schrie. Die Mutter besserte abends noch Wäsche und Kleidung aus oder nähte aus Altem etwas zusammen.

X. Sparen tut not!

45. **Alte Filzhüte wirft man nicht weg,** sie lassen sich noch zu gut wärmenden Einlegesohlen verarbeiten.
46. **Alte Lederhandschuhe geben noch** Fingerlinge für verletzte Finger.
47. **Alte Wollstrümpfe** nimmt man **zum Schuhpolieren.**
48. **Wollreste,** die zu nichts mehr zu verwenden sind, **können** immer noch **als Kissenfüllungen dienen.**
49. **Alte Taschentücher,** peinlich sauber gewaschen, **geben Verbandsmaterial.**
50. **Kerzenreste** sind noch **zum Einreiben des Plätteisens** dienlich.
51. **Kerzen** legt man 5 Minuten in Salzwasser; sie **tropfen** dann fast **nicht mehr.**
52. **Hartgewordene Schuhkrem** und Bohnerwachsreste werden durch Vermengen mit Terpentinöl **wieder verwendbar gemacht.**
53. **Eingedickte Tinte wird** bei Zugießen von Essigwasser oder Teeaufguß wieder **gebrauchsfähig.**
54. Eingetrocknete **Stempelkissen frischt man** mit Glyzerin **auf.**
55. Ausgebrannte **Taschenlampenbatterien geben nochmals Strom ab,** wenn sie erwärmt werden.

Aus: Hilde Brand, „Die Schatzkammer der deutschen Hausfrau", Würzburg o.J.

Körperpflege

Alle Kinder wurden täglich (morgens nach dem Aufstehen) von Marga abgewaschen. Dazu stellte sie jedes in eine mit kaltem Wasser gefüllte Blechwanne und wusch es mit einem Stück Lumpen und Kernseife (von der Mutter selbst gekocht und in Stücke geschnitten) ab. Zähne wurden nie geputzt. Abends gingen alle ungewaschen ins Bett. Jeden Samstag wurde „entlaust“: Jedes Kind hielt dazu seinen Kopf über ein Stück Papier, damit die Mutter die Läuse mit einem „Läusekamm“ aus dem Haar kämmen konnte. Das herausgefallene Ungeziefer wurde aus dem Papier in siedendes Wasser geschüttet, um es zu verbrühen.
Samstags wurden die Kinder hintereinander in der Blechwanne in warmem Wasser gebadet, alle achte im gleichen Wasser.

Schwangerschaft

> Sein Besuch ist einen Augenblick verdutzt, dann fällt ihm etwas ein, und er antwortet stolz und siegesgewiß: „Wir sind auch reich, wir sind reich an Kindern!“ Der Junge sprach aus, was tiefe Wahrheit ist, die manche Leute heute nur nicht mehr gelten lassen wollen, daß nämlich Kinder ein Reichtum, ja der größte Reichtum sind.
>
> Aus: „Komm mit“, Wochenschrift für junge Mädchen, 1928

Wenn die Mutter kurz vor der Niederkunft war, kam häufig die Schwiegermutter (Großmutter) sonntags, um das Essen zu kochen. „Geh, Kätla, ruh dich aus.“ Alle Kinder wurden in der Stube geboren. Zur Entbindung wurde eine Hebamme geholt. Die Kinder waren währenddessen in der Kammer eingesperrt. Das Schreien der

Mutter konnten sie hören. 3 Tage nach der Geburt blieb die Mutter im Bett, ab dem 4. Tag versorgte sie den Haushalt weiter. Marga mußte dann 1 Woche lang von der Schule weg bleiben, um zu Hause zu helfen.
Die Nachbarn brachten der Wöchnerin eine „kräftige" Knochensuppe. (Dieser Brauch wurde auch von der Mutter strikt eingehalten, selbst, wenn sie die Knochen dazu beim Metzger anschreiben lassen mußte.) Manchmal hörte Marga, wie Großmutter und die Tanten der Mutter Vorwürfe wegen der vielen Kinder machten. Die Mutter selbst habe gemeint, „daß es so sein müsse, daß Frauen Kinder kriegen". Am Ende habe sie „die kleinen Kinder nicht mehr sehen können".

Schule

1. Aus dem Elternhause in die Schule.

Der Lehrer suche sich das Vertrauen der Kleinen zu erwerben; deshalb mache er ihnen den Aufenthalt in der Schule namentlich in der ersten Zeit möglichst angenehm. Er erzähle ihnen kleine, leichtverständliche und fesselnde Geschichtchen und schließe daran eine kurze Besprechung oder Nutzanwendung.

a) **Disziplinübungen.** Tut jetzt, was ich euch sage! Wenn ihr es hübsch macht, zeige ich euch ein Bild und lese euch ein schönes Gedichtchen vor.

Legt die Hände auf die Bank! (Vormachen.) Hebt sie in die Höhe! Legt sie nieder! Hände unter die Bank! Auf die Bank! Hebt einen Finger! Legt die Hände zusammen! Steht auf! Setzt euch! Legt euere Tafeln auf die Bank! (Dazu zählen.) Legt sie unter die Bank! (Vielleicht auch nachahmen lassen, wie der Vater sägt, schreibt; die Mutter wäscht, bügelt; wie der Schmied hämmert; wie der Schreiner hobelt, 2c.)

Da ihr so hübsch artig wart, so will ich auch mein Versprechen halten.

Aus: H. Rosenbusch, „Anschauungsunterricht", Bayreuth 1911

Volksschulklasse in Franken, um 1920

Trotz unregelmäßigen Schulbesuchs ist Marga immer versetzt worden. Ihre Schulsachen bestanden aus einer Schultasche (aus Lederteilen zusammengeflickt) mit Schiefertafel, (8 Jahre lang die gleiche) Griffeln, einem Lesebuch (von der Schule ausgeliehen) und einem Rechenheft. Die Aufgaben in allen übrigen Fächern (Erdkunde ...) wurden von der Tafel abgeschrieben.
Hausaufgaben schrieb Marga nur morgens in der Schule ab. Die Lehrerin „Schwester Leo“ wußte davon. Sie suchte ihr dazu geeignete Arbeiten von Klassenkameraden aus, die wenig Fehler enthielten. Wenn sie morgens „greinend“ in die Schule kam, weil die Mutter sie geschlagen hatte, tröstete sie die Lehrerin, indem sie ihr über den Kopf strich: „Hast's nicht leicht Klana ...“. Wenn sie die Mutter zu sich bestellte, „ging's 2 Tage besser“.
Weil Marga die Ärmste in der Klasse war, wurde sie manchmal ausgelacht: „Kritschla, hat nicht mal ein Brot daham zu Essen.“ Sie stürzte sich dann auf eines der Kinder und schlug zu.
Eine der Schulschwestern, Schwester Eleonore, war besonders streng. Täglich, wenn Marga zu spät kam, wurde sie dafür mit einer „spanischen Röhre“ (Rohrstock) auf die Finger geschlagen. Sie hielt

schon selber die Hände hin, sobald sie das Klassenzimmer betrat. Im Winter, wenn die Hände vom Schulweg durchfroren waren, taten die

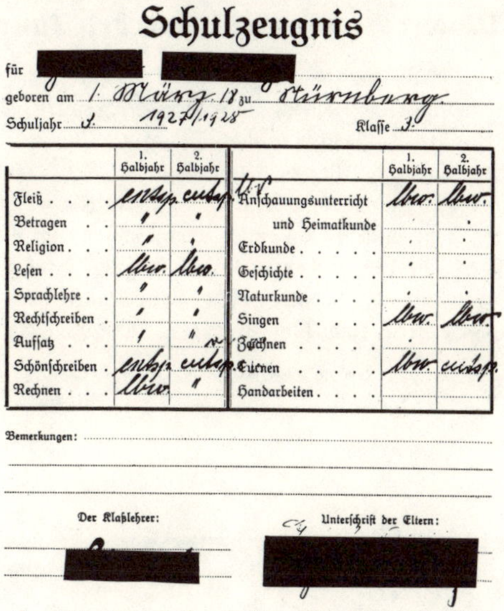

Schulzeugnis

für [redacted]

geboren am 1. März 18 zu Nürnberg

Schuljahr 3. 1927/1928 Klasse 3.

	1. Halbjahr	2. Halbjahr		1. Halbjahr	2. Halbjahr
Fleiß	entsp.	entsp.	Anschauungsunterricht und Heimatkunde	lbw.	lbw.
Betragen	"	"	Erdkunde	"	"
Religion	"	"	Geschichte	"	"
Lesen	lbw.	lbw.	Naturkunde	"	"
Sprachlehre	"	"	Singen	lbw.	lbw.
Rechtschreiben	"	"	Zeichnen	"	
Aufsatz	"	"	Turnen	lbw.	entsp.
Schönschreiben	entsp.	entsp.	Handarbeiten		
Rechnen	lbw.	"			

Bemerkungen:

Der Klaßlehrer: [redacted]

Unterschrift der Eltern: [redacted]

Zeugnis einer Volksschule in Nürnberg, 1927/28
Aus: Schulgesch. Sammlung der EWF der Universität Erlangen/Nürnberg

Schläge besonders weh. Hinterher waren die Finger aufgeschwollen und das Schreiben machte Mühe. Oft wurde sie dann wegen schlechter Schrift geschlagen. Pünktlich konnte sie nicht in die Schule kommen, weil sie erst ihre Geschwister versorgen mußte.

Einmal hatte jemand an die Aborttür der Schule geschrieben „Schwester Eleonore ist sehr bös“. Der Verdacht fiel auf Marga. Trotz ihrer Unschuldsbeteuerung sollte sie am Nachmittag solange in der Schule festgehalten werden, bis sie gestanden habe. Von Mitschülern benachrichtigt, lief die Mutter daraufhin „in Schürze, so wie sie war“ zur Schule und befreite ihre Tochter gewaltsam. Nach Verhören zu Hause und mehreren Gängen zur Schulschwester, zum Pfarrer und schließlich zum Stadtpfarrer „... sie hat schon so nichts und da schiebt ihr auch noch die Schuld auf ihr ...“ gelang es, den Vorfall aufzuklären. Weil Marga tatsächlich unschuldig war, wurde die Familie vom Stadtpfarrer mit einem Korb Eßwaren (Mehl, Zucker, Margarine ...) einem Kettchen mit Kreuz (für Marga) und einem Geldschein (im Briefumschlag) entschädigt.

Fabrikarbeit

3. Wodurch man reich werden kann.

Durch Arbeit, Müh' und Schwitzen, nicht müßig faules Sitzen;
durch Sparen und recht Hausen, nicht Prassen, Trinken, Schmausen;
durch Fasten, Beten, Wachen, nicht Schlafen, Fluchen, Lachen;
durch Hoffen, Dulden, Warten, nicht Würfel, Spiel und Karten;
durch Hobel, Axt und Hammer, nicht Seufzer, Klage, Jammer;
durch Hacke, Sens' und Pflug, nicht aber Schnaps im Krug;
durch Pflügen, Graben, Schanzen, nicht Jagen, Trinken, Tanzen;
durch Schaffen um die Wette, nicht Lotteriebillette;
durch Klugheit, Fleiß und Mut — kommt man zu Geld und Gut!

Aus: Hg. Franz Schmid u.a., „Haushaltungskunde, Lehr- und Lesebuch für Mädchen", Stuttgart 1915

Arbeiter in Franken, (um 1920, Herkunft unbekannt)

Der Vater arbeitete in einer Fabrik, die aus Knochen Leim und Seife herstellte. Seine Aufgabe bestand darin, Knochen auszukochen,

> **2. Der Fabrikarbeiter.**
>
> In jeder größeren Fabrik giebt es deren in den verschiedensten Schattierungen. Leute, die nur über eine gewisse Kraft und Ungeschicklichkeit, vergleichbar kleinen beweglichen Krähnen, verfügen, andere, die Diener von Maschinen sind, ihnen die Arbeit vorlegen und für Schmierung, Reinigung und dergleichen sorgen,
>
> Aus: „Führer für das gewerbliche Leben", C. Rexmann, Berlin 1899

Leim und Seife anzurühren und die Kessel anschließend zu säubern und neu zu füllen. Er verdiente 25,– in der Woche. „Vorteile" brachte seine Arbeit dadurch, daß er manchmal Knochenfett

Alle wahre Arbeit ist heilig.
In jeder wahren Arbeit, wenn sie auch noch so gering scheint, liegt etwas Göttliches.
Die Arbeit hat ihren Gipfel im Himmel.

Carlyle.

Aus: „Komm mit", Wochenschrift für junge Mädchen, 1928

heimlich in eine Flasche abfüllen und mit nach Hause nehmen konnte. Damit briet die Mutter „Backers“ für alle. Er riskierte dabei seinen Arbeitsplatz.
Seine Arbeit war in Schichten eingeteilt: von 6–14, 14–22 und 22–6. Er mußte auch samstags arbeiten. Alle 3 Wochen hatte er zusätzlich Sonntagsschicht. Nach der Arbeit grub er an 3 Tagen in der Woche im Wald „Stöck“ (Wurzeln von gefällten Bäumen) aus dem Boden und zerkleinerte sie. Anschließend brachte er sie mit dem Handwagen

Dasselbe ist es beim einfachsten Arbeiter, der tagaus, tagein an seiner Maschine steht. Ihm kann der Meister die Arbeitsstunde oder das geleistete Stück bezahlen; aber bezahlen kann er ihm nicht das Interesse, das der Arbeiter in sein Stück gelegt hat, damit es gelinge, seinem Geschäft Ehre und Ansehen bringe; bezahlen kann er ihm nicht, daß der Arbeiter in einer Stunde mehr zu Tage fördert, als er nach strikter Pflicht hätte müssen, daß er das Interesse des Meisters im Auge behält wie sein eigenes. Bezahlen läßt sich nicht, daß er seiner Maschine Fähigkeiten und Leistungsmöglichkeiten ablauscht und abringt, die nicht auf der bloßen Hand liegen, daß er sie sich dienstbar macht als ein denkender Mensch.

Und daß man dem einfachsten Arbeiter vieles nicht bezahlen kann, das gibt ihm sein freies Gefühl, seine Würde und seine Größe. Er weiß: „was ich im stillen tue und hineinlege an unwägbarem Gehalt in meine Arbeit, das bezahlst du mir nicht. Du könntest es nicht einmal, auch wenn du wolltest!“

Aus: „Komm mit“ Wochenschrift für junge Mädchen, Jg. 1928

nach Hause. Damit wurde den Winter über geheizt. Der Vater „war nie krank“. Zum Militärdienst wurde er wegen Gesundheitsmängeln nicht eingezogen. Mit 40 starb er.

Politik

Über politische Ereignisse erfuhr man aus dem „Forchheimer Tagblatt“, das der Vater las, aber nicht kommentierte, „weil er sich nicht für Politik interessierte“. Die Zeitung wurde gemeinsam von allen Nachbarn bezogen, gelesen und reihum bezahlt.

Fotocollage aus: Nürnberger Illustrierte, 1928

In der Fabrik hatte die Großmutter von Hitler gehört „daß der kommen sollte“ und daß es den Armen dann besser gehe. Gewählt wurde von den Bewohnern der Kolonie allerdings immer sozialdemokratisch. „Wir sind und bleiben, was wir sind.“ Wahlentscheidungen wurden in Gesprächen mit den Nachbarn gemeinsam getroffen.

Wenn aber weiter von den Arbeitern an den Staat das Ansinnen gestellt wird, auch den Lohnsatz zum Gegenstand einer gesetzlichen Regelung zu machen und durch Einführung eines Normallohnes dafür zu sorgen, daß der Lohn nicht unter eine bestimmte untere Grenze sinke, so muß hiegegen der entschiedenste Widerstand geleistet werden; ein solches Verlangen ist utopischen Charakters, es hat eine unmögliche und unerfüllbare Forderung zum Inhalt, ganz abgesehen davon, daß es dem Staate zumutet, den Arbeitgebern etwas vorzuschreiben, wozu ihm ein Recht durchaus nicht zusteht. Die gesetzliche Regelung des Lohnsatzes wird erst dann ernsthaft in Frage kommen können, wenn der sozialdemokratische Phantasiestaat den heutigen Staat ersetzt hat, mit anderen Worten also erst dann, wenn die Gesellschaft in jenem großen Zwangsarbeitshause lebt, das in den Schriften der sozialdemokratischen Apostel das Zukunftsideal der darbenden Menschheit bildet.

Aus: „Über Land und Meer“ (Die Arbeiterbewegung) Heft: Mai 1889/90

Geld

Geld, das die Familie einbrachte, mußte grundsätzlich bei der Mutter abgeliefert werden. Das betraf den Lohn des Vaters ebenso, wie Geschenke, Belohnungen für die Kinder. Versuche, Geldgeschenke zu unterschlagen, schlugen fehl, weil die Mutter darüber von Geschwistern oder Nachbarn erfuhr und diese mit Schlägen bestrafte. Vom Lohn wurden die festen Kosten bezahlt: z. B. Miete: (15,– Monat), Strom: (2 Pf), Milch (entrahmte), Soda: (1 Pfund 1 Pf), Brot, Karokaffee, Zucker.
Hinzu kamen Kosten für Friseur und Kleidung (z. B. Dauerwellen 7,–, Schuhe 5,–) für die Mutter. „Toni, bin i jetzt schee“ …, „ja, du bist schee …“.
Wenn die Nachbarn die Mutter aufforderten die Kinder nicht zum Essen wegzuschicken: „Käte, laß halt dei Kinder heut daham ...“,

ging sie zum Bäcker und Metzger einkaufen und ließ „anschreiben“. Abends mußte sie darüber „grinna“, weil sie keine Schulden haben mochte.
Für ihr erstes eigenes neues Kleid mußte Marga 10 Pfund Blaubeeren für den Stoff und 15 Pfund für den Schneiderlohn „rupfen“.

Freizeit

Die Stunden zwischen den Schichten verbrachte der Vater z.T. in einem Gartenschuppen, der seiner Mutter (der Großmutter) gehörte. Dort fand er Ruhe zum Schlafen. Zu Hause war es ihm wegen der eigenen Kinder und der Nachbarn zu laut.
Wenn die Familie gemeinsame Winterabende in der Stube verbrachte, wurden die Kinder von der Großmutter mit Vorlesen beschäftigt oder sie spielten mit ihren Spielsachen ohne Zanken – denn dafür gab es Schläge – und flüsternd. Die Mutter las auf der Bettkante sitzend Liebesromanhefte, die sich die Frauen in der Nachbarschaft gegenseitig ausliehen.

„Es freut mich sehr, daß ich Ihnen eine kleine Freude machen konnte“, sagte er und nahm mit einem unsinnig glücklichen Gefühl die Teetasse, die sie ihm reichte, aus ihrer Hand.

Ganz verklärt sah er auf ihre schöne schlanke Hand herab. Er erinnerte sich, was für einen großen Eindruck die feine weiße Hand ihrer Mutter damals auf ihn gemacht hatte, als diese sich mühte, ihm einen Verband anzulegen. An diese feine weiße Hand hatte er immer wieder denken müssen wie an ein herrliches Wunderwerk. Und Senta von Erlach hatte dieselben weißen schlanken Hände, mit den rosigen gewölbten Nägeln. Und er hätte so gern seine Lippen darauf gedrückt, wagte es aber doch nicht.

Sein Herz tat laute, starke Schläge. Er stellte behutsam seine Tasse auf den Tisch, weil ihm war, als verlasse ihn plötzlich alle Kraft. Er hätte die Tasse nicht ruhig in seiner Hand halten können. Seine Augen ruhten auf Sentas reizendem Gesicht. Und da war ihm, als springe plötzlich ein Bann in seinem Innern. Eine helle Erkenntnis überflutete ihn mit einer intensiven Kraft.

Aus: „Mit dir bis in den Tod ...“ in: „Die Hausfrau“ (Zeitschr.), Jg. 1925

Die Kinder wußten, daß sie geschlagen wurden, wenn sie dabei störten. Der Vater saß meist in der Ofenecke auf einem Stuhl, rauchte viel und sah den Kindern zu. Weil er immer müde war, schlief er oft auf dem Stuhl ein.

An Sommerabenden traf sich die Nachbarschaft im Hof, wo Stühle und Bänke standen. Während die Männer Karten spielten und die Kinder tobten, redeten die Frauen miteinander. Die Erwachsenen der Kolonie sprachen sich mit Vornamen an.

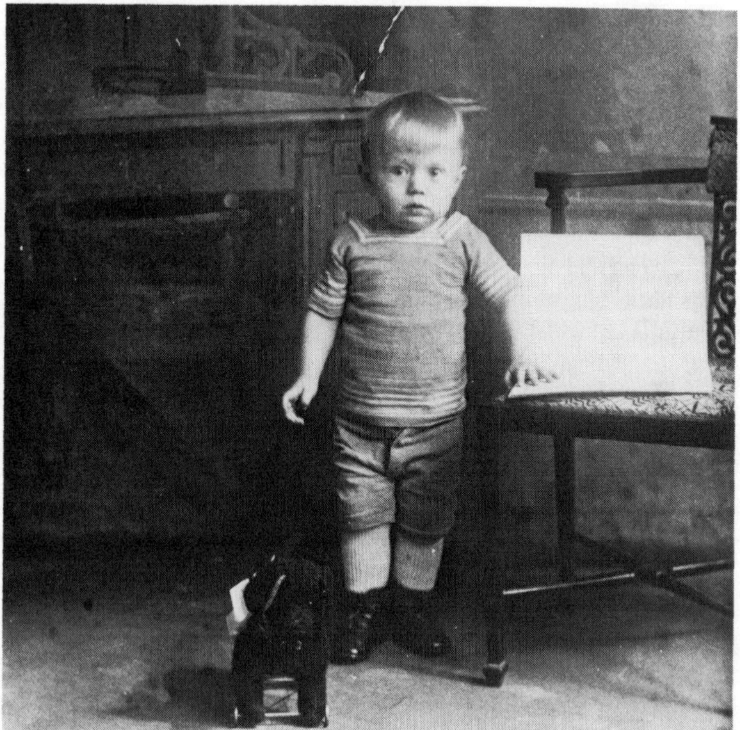

Junge, um 1930 (Herkunft unbekannt)

Spiel

Jedes Kind besaß ein eigenes Spielzeug: (Geschenke von Tanten oder Schwestern) die Mädchen eine Puppe, die Jungen je ein Auto oder einen Teddybären. Dazu gab es ein „Mensch-ärgere-dich-nicht-Spiel", das an Winterabenden benutzt wurde. Von den Mädchen wurden aus Stofflappen „Deckla" genäht und bestickt. Außerdem besaßen die Kinder ein Märchenbuch (Geschenk von den Schulschwestern), aus welchem die Großmutter im Winter vorlas: „Hänsel und Gretel", „Die sieben Geißlein", „Rotkäppchen", „Schneewittchen" ... Spielsachen durften nie „herumliegen". Nach Gebrauch wurden sie gleich wieder in die Frisierkommode (der Stube) geräumt. An Sommertagen spielten die Kinder im Innenhof der Kolonie mit Bällen (Fußball, die Jungen – an der Wand, die Mädchen), die jemandem aus der Nachbarschaft gehörten. Manchmal spielten sie „Fangerletz" oder „Blindekuh".

Weihnachten

Der heilige Abend war „der friedlichste Tag im Jahr". Bei Einbruch der Dunkelheit wurden die Kinder in der Kammer eingesperrt. Währenddessen wurde in der Stube der Christbaum, den der Vater im Wald „organisiert" hatte, mit Glaskugeln und Zuckerstückchen (Geschenke von Tanten und Großmutter) geschmückt. Die jedes Jahr nur zu Weihnachten ausgepackten Geschenke: ein Kaufladen für die Mädchen und ein „russisches Rad" (kleines Riesenrad) für die Jungen, wurden unter dem Baum aufgestellt.
Den Heiligabend verbrachte die Familie in der mit Koks geheizten Stube. (Für die Feiertage wurde ein halber Zentner gekauft).
Als Festessen gab es Malzkaffee mit Stollen (aus Mehl, Milch, etwas Margarine und getrockneten Beeren).
Die Kinder spielten zusammen mit ihren gemeinsamen Geschenken. „Das hat euch der Papa mit dem Christkind zusammen ausgesägt." Die Mutter schimpfte nicht, niemand wurde geschlagen: „Nu freut

euch mal Kinala, heut ist Weihnachten". Nach dem Dreikönigstag wurden der Christbaum zerhackt, verheizt und die Geschenke (Kaufladen und Rad) für das nächste Weihnachten verpackt und auf den Kleiderschrank in die Kammer gestellt.

Bräuche

Die durch Weihnachten entstandenen Kosten (Koks, Zutaten für den Stollen, Essen ...) mußten am Pfefferlistag, am Neujahrs- und Dreikönigstag wieder eingeholt werden: Am „Pfefferlis- oder Unschuldigenkindleinstag" wurden die Kinder zu Nachbarn geschickt. Mit Ruten schlugen sie gegen die Beine der Erwachsenen, damit diese „das ganze Jahr über gut laufen könnten" und sagten dazu: „Ist der Pfeffer gut, ist er gesalzen oder geschmalzen." Die Bedeutung ihres Spruches kannten die Kinder nicht. Zum Neujahrstag gingen sie zunächst zu Verwandten, später auch zu Fremden, um ihnen „ein gesundes Neues Jahr" zu wünschen. Am Dreikönigstag zogen die Älteren mit weißem Bettuch und rotem Turban verkleidet mit den Worten: „Die heiligen 3 Könige sind da, Kaspar, Melchior und Balthasar" von Haus zu Haus. Dafür bekamen sie bei allen 3 Rundzügen Geld, Äpfel, Nüsse oder „Plätzla". Zu Hause wartete die Mutter auf das, was die Kinder mitbrachten und nahm es ihnen ab.

„Wer fleißig ist in seinem Stand, den segnet Gott mit milder Hand“ Lebensbericht der Marga S. (Forchheim/Oberfranken um 1931)

8. Volksschulklasse 1928 (Herkunft unbekannt)

Nach Abschluß der Volksschule wurde Marga Hausangestellte in der Familie eines Schreinermeisters. Das war 1931. Marga war 13 Jahre alt.

Familie

Die Hausfrau, Hildegard A., war Mitte 30, der Hausherr, Franz A., Anfang 40. Das Ehepaar hatte 4 Kinder: Franzl und Karli waren etwas älter als Marga, Siegfried war jünger und die Tochter Hildegard gerade geboren, als Marga ihre Stelle antrat.

Marga wurde „wie ein Kind im Hause“ aufgenommen. Sie hat immer das gleiche gekriegt wie die eigenen, nur daß sie hat arbeiten müssen. Sie wurde auch nicht mehr geschimpft als die Kinder, „von ihr schon gar nicht. Wenn einer gebrüllt hat, war's er – einer mußte ja a weng Respekt reinbringen.“

Vater und Sohn, Darmstadt, um 1906

Hausherr

Der Hausherr hatte den Betrieb von seinem Vater geerbt und wollte ihn später an seinen ältesten Sohn weitergeben. Er beschäftigte 4 Meister und 4 Lehrlinge zur Herstellung von Möbeln.
Franz A. war Mitglied der kommunistischen Partei. Fast jeden Abend ging er weg, in die Wirtschaft oder „geschäftlich“ wie er es nannte. Die Familie wußte nicht genau, wohin er ging. Seine Frau saß oft zu Hause und weinte, wenn er unterwegs war.

Porträt eines jungen Mädchens, Erlangen, um 1910

Hausfrau

Die Hausfrau, Hildegard A., stammte aus einer Lehrersfamilie. „Sie hatte eine gute Erziehung und war gebildet“. Sie konnte Klavierspielen und Handarbeiten. Sie hatte eine Haushaltungsschule besucht und kannte sich mit geschäftlichen Dingen aus. Mit unermüdlichem Fleiß erledigte sie Büroarbeiten, schaffte mit Margas Hilfe in Haus und Garten – so, wie sie es gelernt hatte – und sorgte dafür, daß die Kinder lernten. Als strenge Katholikin war sie wohltätig und ging jeden Morgen in die Kirche. So „hatte sie schon früh ihre Gnade vom Herrgott und Trost für den Tag – sonst hätte sie manches nicht aushalten können“.

Kinder

Die älteren Söhne „studierten“. Sie besuchten ein Gymnasium in der Nachbarstadt.
Bevor sie morgens das Haus verließen, gab die Mutter ihnen ihren Segen mit auf den Weg, bekreuzigte sie. Die älteren setzten ihre Schülerkappen auf, der jüngere nicht. „Er war etwas eigenwillig.“

Schüler eines Gymnasiums, um 1920 (Herkunft unbekannt)

Später, beim gemeinsamen Mittagessen erzählten die Söhne, was sie in der Schule gelernt hatten. Anschließend zogen sie sich zum Studieren zurück. „Die Mutter ließ sie nicht von den Büchern weg“. Täglich fragte sie ab, was die Jungen gelernt hatten.
Zweimal in der Woche kam ein Fräulein zum Klavierunterricht ins Haus. An den übrigen Tagen mußten die Söhne täglich Klavierüben. Frau A. bot Marga an, mit den Söhnen zusammen Klavierspielen zu lernen. Sie wollte den Unterricht zahlen. Marga mochte nicht.
Wenn den Söhnen nachmittags noch Zeit blieb, mußten sie im Büro oder bei der Gartenarbeit helfen. Sie spielten selten und besaßen kaum Spielzeug. Im Winter holten sie manchmal ihren Baukasten oder das Mensch-ärgere-dich-nicht-Spiel hervor.
Wenn Marga Strümpfe stopfte oder Wäsche flickte, setzten sich die Jungen manchmal dazu, schauten zu und „blödelten a weng rum“. Die Söhne waren sehr ordentlich. Sie ließen nie etwas herumliegen und taten ihre Arbeit ohne Widerworte.

Hausangestellte

Gefunden hatte Marga ihre Stelle durch die Schulschwestern. Sie wußten, wo Mädchen gesucht wurden und sagten es in der Schule an. „Da ist Mutter gleich weggerannt und hat alles festgemacht.“
Die Arbeitszeit betrug 12 Stunden täglich – von 7.00 bis 19.00. Samstags war bereits um 16.00 Feierabend und sonntags um 13.00. Urlaub gab es nicht. Der Monatslohn betrug 15.– Mark, zusätzlich hatte Marga freie Kost. Sonntags erhielt sie 50 Pfennige oder 1.– Mark Essensgeld.
Sie blieb im Elternhaus wohnen, weil die Mutter das so wollte. „Meine Kinder gehören ins Haus“.
Ihren Lohn mußte Marga zu Hause abgeben. Auch das Essensgeld nahm die Mutter ihr ab. Sonntags stand sie schon an der Haustür und wartete, mit der Frage: „Wieviel hast denn gekriegt?“.
Vom Essensgeld gingen die Eltern ins Kino und sahen sich Liebesfilme an.
Manchmal, wenn die Familie A. Marga nach dem Geld ausfragte, mußte sie greinen. Dann schenkte Herr A. ihr 2.– Mark nebenher. Das kam ein paarmal im Jahr vor. Von dem Geld kaufte Marga Schokolade und Plätzchen aus der Bäckerei nebenan. Einen Teil aß sie gleich, den anderen hob sie für die jüngeren Geschwister auf. „Die hatten ja auch nichts daheim.“

Einnahmen					Ausgaben				
			RM	Rpf				RM	Rpf
1929		Übertrag vom Oktober	8	60	1929				
Nov.	1.	Monatslohn für Oktober	40	—	Nov.	6.	1 Paar Schuhe sohlen	4	80
"	20.	Trinkgeld	2	—	"	10.	1 Geburtstagsgeschenk	1	35
					"	22.	1 Kinokarte	1	20
					"	23.	Auf die Sparkasse getragen . . .	10	—
					"	30.	Übertrag auf Dezember	33	25
			50	60				50	60
		Übertrag vom November . . .	33	25	Dez.	2.	1 Paar Strümpfe	1	80
Dez.	24.	Weihnachtsgeschenk erhalten . . .	20	—	"	9.	2 × Straßenbahn	—	40
"	25.	Trinkgeld	3	50	"	11.	1 Waschlappen	—	45
"	31.	Lohn für Dezember	40	—	"	16.	Weihnachtsgeschenke:		
							1 Paar Handschuhe für Mutter 2.—		
							Tabak für Vater 1.60		
							1 Puppe für Marta . . . 3.80		
							1 Mundharfe für Erich . . 1.20	8	60
					Dez.	31.	Auf die Sparkasse getragen . . .	50	—
					"	31.	Vereinsbeitrag	1	—
					"	31.	Übertrag auf Januar	34	50
			96	75				96	75
1930									
Jan.	1.	Übertrag vom Dezember	34	50					

Aus: „Das tüchtige Alleinmädchen“, Lydia Knayer, Stuttgart 1930

Wenn die Mutter merkte, daß Marga Geld gekriegt hatte, schimpfte sie, weil sie es ausgegeben und nicht zu Hause abgeliefert hatte.

In der Mittagssonne Photo Mielcarek

Aus: Zeitschrift „Familienhort", Heft 17, 1932

Wohnhaus

Das Wohnhaus hatte Franz A. zusammen mit der angebauten Werkstatt und einem Hinterhaus geerbt.
Es hatte 3 Etagen: Im Parterre befanden sich Ladenräume; eine Auslage eigener Schreinereiarbeiten, sowie ein Friseursalon und eine

Mietwohnung. Im 1. Stockwerk lebte die Familie A. zusammen mit dem Bruder des Hausherrn und dessen Familie auf einer Etage. Das 2. Stockwerk war an 3 Familien vermietet.

Hinterhaus

Im Hinterhaus lebten etwa 20 Arbeiterfamilien. Jede Wohnung bestand aus Stube und Küche.
Die meisten Familien hatten 3 bis 5 Kinder. „Wegen der Krankheit" (wöchentliche Anfälle einer Malaria aus dem 1. Weltkrieg) konnte der Hausherr kein Kindergeschrei ertragen. Die Mieter hatten Angst vor seinen Anfällen und rührten sich kaum. Kleinere Kinder spielten manchmal im Sandkasten, den die Familie A. im Hinterhof angelegt hatte – aber leise, man merkte nicht, daß sie da waren.
Die Monatsmiete für die Hinterhauswohnungen betrug 7.50 Mark. Zum Mietezahlen kamen die Leute in die Wohnung des Hausherrn. Wenn einer seine Miete nicht zahlen konnte – „manche waren leichtsinnig und vertranken ihren Lohn" – dann ging es zweimal noch an. Beim 3. Mal schrie der Hausherr „Raus!" und schrieb eine Kündigung. Die Hausfrau ließ sich eher erweichen: „Na, dann noch einmal – bis nächsten Monat".

Wohnung

Die Wohnung der Familie A. bestand aus: Küche, 2 Wohnzimmern (dem „alten" und dem „neuen"), Schlafzimmer und Kinderzimmer. Dazu gehörten Badezimmer und Klo. Zwischen den Zimmern lag ein langer Korridor.
Die Einrichtung war „einfach und praktisch": Alle Böden bestanden aus Holzdielen ohne Teppiche. Die Wände waren weiß getüncht. Zur Kücheneinrichtung gehörten ein weiß lackierter Küchenschrank, ein Tisch mit 4 Stühlen, ein Kachelherd und der Wasserhahn mit einem kleinen länglichen Wasserbecken aus emalliertem Metall.

Am besten, gewöhnlich aber auch etwas teuerer, sind die mittleren Stockwerke. Zu tief gelegene Wohnungen lassen wenig Luft und Licht ein und sind daher dumpf, feucht, dunkel und kalt. Darum nehme man keine Wohnung, an deren Wänden sich feuchte Stellen oder Schimmel bemerkbar machen, sollte sie auch freundlich erscheinen und der Mietzins noch so niedrig sein. Die Wände können zwar mit der Zeit ausgetrocknet werden, indessen werden sie durch den Niederschlag immer wieder feucht. Die Feuchtigkeit verdirbt nicht nur Möbel, Kleider und Geräte, sondern ruft auch verschiedene Erkrankungen, wie Gicht, Rheumatismus, Kopfschmerzen, Blutarmut der Kinder 2c., hervor; darum sagt das Sprichwort mit Recht: „Wo die Sonne nicht hingeht, da geht der Arzt hin." Wo die Sonnenstrahlen nicht hineindringen können, da bilden sich bösartige Krankheiten aus, auch ist da die Gefahr der Ansteckung am größten. Das Hauptschutzmittel gegen ansteckende Krankheiten besteht darin, gesunde und helle Wohnungen zu schaffen. In den Häusern ist die schlechteste Luft immer oben, daher sind auch die Dachwohnungen, zumal sich in ihnen die Hitze des Sommers besonders fühlbar macht, nicht so gesund. Um genügend frische Luft und Licht in der Wohnung zu haben, vermeide man solche in Hinterhäusern, die auf enge, übelriechende Höfe gehen. Ganz besonders gefährlich sind Neubauten, in denen Wohnungen zum Trockenwohnen häufig auffallend billig abgegeben werden. Weil die Wände noch feucht sind, wird die Luftströmung verhindert, die Räume sind stets kalt, entziehen dem Körper Wärme und sind deshalb ungesund. Das Verdunsten der Feuchtigkeit geht im Sommer schneller vor sich als in den übrigen Jahreszeiten und kann befördert werden durch Heizen bei offenen Fenstern und durch fleißiges Lüften. Dies ist zu beachten, wenn man gezwungen ist einen Neubau zu beziehen, der noch nicht vollständig ausgetrocknet ist; es sind alsdann Schränke, Betten usw. von der Wand etwas abzurücken; hinter den Bildern ist ein Korkstückchen zu befestigen, damit durch Luftzutritt das Austrocknen beschleunigt und Sporenbildung verhütet wird. In ihrer Größe muß die Wohnung den Verhältnissen der Familie entsprechen, sollte aber immer aus Wohn-, Schlafzimmer und Küche bestehen, da es nur dann möglich ist, die Zimmer abwechselnd zu lüften.

Die Aufgabe, eine geeignete Wohnung für die Familie auszuwählen, fällt, da der Mann in der Regel durch sein Berufsgeschäft verhindert ist, häufig der Frau zu und ist keine leichte.

Vor allem frage sie nach dem Preis, der im Verhältnis zum Einkommen stehen muß und ungefähr $^1/_5$ der Jahreseinnahme betragen darf; dies würde bei einer Einnahme von 1000 bis 1200 Mark 160 Mark bis 240 Mark ausmachen. In Städten ist es oft schwierig, für diesen Preis die erforderlichen Räume von wenigstens 1 bis 2 Zimmern und Küche in guter Lage zu bekommen; kann man im Innern der Stadt keine ausreichende Wohnung finden, so suche man sie in der Vorstadt, wo sie meist billiger und gesunder zu haben ist.

Elise Kühn, „Grundzüge der Haushaltungslehre", Nassau 1908

Der Kachelherd wurde mit Holz beheizt. Marga mußte die danebenstehende Holztruhe dreimal täglich mit Holzabfällen auffüllen, die sie aus der Schreinerei herauftrug.
Der Küchentisch wurde zum Bügeln, Gemüseputzen, manchmal auch zum Essen benutzt, wenn jemand später kam.
Unter der Tischplatte waren 2 weiße Emailleschüsseln in einem Holzgestell untergebracht. Zum Spülen konnte man sie hervorziehen. Heißes Wasser erhielt man aus einem großen Kessel, der immer auf der Herdplatte stand.
Das im Küchenschrank untergebrachte Geschirr mußte alle paar Wochen erneuert werden, weil Herr A. es immer wieder zerschlug, wenn er einen Malariaanfall hatte.
Essensvorräte und Eingemachtes waren in einer kleinen Speisekammer untergebracht.
Im Badezimmer stand eine weißemaillierte Badewanne mit geschwungenen Beinen. Das heiße Wasser lieferte ein mit Holz beheizter Badeofen. Jeden Samstag zwischen 13.00 und 16.00 Uhr badeten die Familienmitglieder und Marga einzeln hintereinander – „wie sie Zeit hatten".
Die schmutzige Wäsche wurde gleich in einem danebenstehenden Wäschekorb gesammelt. Im Badezimmer waren außerdem abgetragene Kleidungsstücke und Schuhe untergebracht.
Das Klo war extra gebaut. Die Hände wusch man in der Küche.
Das „alte" Wohnzimmer war mit Tisch und 4 Stühlen, Schreibtisch, Nähmaschine und einer Chaiselongue (Liegesofa) eingerichtet. Auch hier wurde mit Holz in einem Kachelofen geheizt. Am Tisch nahm die Familie ihre tägliche Mahlzeit ein. Fehlende Stühle holte man aus der Küche und stellte sie dazu.
Am Schreibtisch schrieb der Hausherr Rechnungen oder quittierte die Miete, die vorbeigebracht wurde.
Das „neue" Wohnzimmer (die gute Stube) war „elegant und wunderschön". Ringsherum an allen Wänden war es mit lauter altdeutschen Eichenmöbeln ausgestattet, mit Schränken und Kommoden, in denen das gute Geschirr, Wäsche (noch in Papier verpackt) und Handarbeiten gesammelt waren. Am Fenster stand ein Klavier aus hellem Holz. In der Mitte befand sich ein langer Tisch mit 12 gepolsterten Stühlen. Die Fenster waren mit weißen baumwollenen Flügelgardinen geschmückt. An den Wänden hingen Ölgemälde: eine Landschaft und Portraits der Eltern des Hausherrn. Das

schönste Stück des Raumes war eine altdeutsche Stehlampe, wie sie gerade „ganz modern" war.
Das „neue Wohnzimmer" wurde in der Regel nur zwischen Weihnachten und Neujahr – und im Gegensatz zu den anderen Räumen – mit Kohlen geheizt.
Wenn „ganz großer Besuch" kam – der Pater, die Klosterfrauen oder ein reicher Geschäftsmann – wurde er in das „neue Wohnzimmer" geführt.
Das Elternschlafzimmer war ein altes Erbstück aus der Familie des Hausherrn – „da hätten sie sich ruhig mal ein neues anschaffen können". Eingerichtet war es mit Ehebetten, Kleiderschrank, Kinderbett, Waschkommode und Chaiselongue. Die Chaiselongue wurde von der Hausfrau zu ihrem halbstündigen Mittagsschlaf benutzt. „Am Tag legt man sich nicht ins Bett."
Im Kinderbett schlief das Baby. Alle Kinder waren bis zum 3. Lebensjahr darin „aufgezogen worden".
Im Kinderzimmer standen die 3 Betten für die Söhne, ein Schrank, eine Waschkommode, sowie ein kleiner Tisch mit Stühlen. Jedes Kind hatte ein Lämpchen über seinem Bett.

Tageslauf

Marga teilte ihr Bett immer noch mit 3 Geschwistern. Um 5.15 stand sie als erste auf, heizte den Ofen an, wusch sich, zog sich an, putzte alle Schuhe, kochte Kaffee für die anderen und verließ das Elternhaus gegen 6 Uhr.
Bis zum Haus der Familie A. mußte sie etwa 30 Minuten laufen. Zwischen 6.30 und 7.00 band Marga die Schürze um und begann ihre Arbeit:

Öfen anheizen, Frühstück zubereiten, Kinder wecken ... Dann frühstückte sie zusammen mit den Kindern. Hausherr und Hausfrau kamen später dazu. Frau A. war jeden Morgen von 6.45 bis 7.45 in der Kirche. Herr A. war auch schon aufgestanden, bevor Marga kam. Nach dem Frühstück wusch Marga das Geschirr ab, machte die Betten, räumte auf, staubte die Möbel ab und fegte die Zimmer aus.

Frau A. erledigte derweil Büroarbeiten und ging anschließend einkaufen. Das tat sie immer selbst: Aus geschäftlichen Gründen kaufte sie nur bei Kunden ein.

> Jedes Mädchen mache es sich von früh auf zur Gewohnheit, sich gleich morgens sauber zu waschen, zu kämmen und vollständig fertig anzuziehen; gar leicht kommt es vor, daß, wenn nicht die Zeit unmittelbar nach dem Aufstehen zum Ankleiden verwendet wird, im Laufe des Tages durch mancherlei Vorkommnisse jede Gelegenheit genommen und das Mädchen dann gezwungen wird, den ganzen Tag in unordentlichem Anzug umherzulaufen und sich vor jedermann zu verstecken. Kann schon aus dem Äußeren des Mädchens ein häufig das Richtige treffender Schluß gezogen werden, so wird, was eben so schlimm ist, einem aller Appetit vergehen, wenn man eine derartig gekleidete, ungewaschene und ungekämmte Köchin am Herd herumhantieren sieht.
>
> Vor dem Anfeuern müssen Rost und Aschkasten geleert und gereinigt werden, wobei die unverbrannt gebliebenen Kohlen in den Kohlenkasten kommen. Die Asche muß immer kalt ausgeschüttet werden, also vor dem Anzünden; durch heiße und glühend ausgeschüttete Asche ist schon manches Brandunglück entstanden. Dann wird das Wasserschiff gefüllt und das Brennmaterial zum Anzünden auf den Rost gerichtet. Man nimmt dazu die Ringe ab, legt etwas Papier, Späne oder Stroh lose hinein und fügt kreuz und quer fein gespaltenes, trockenes Holz mit einigen dickeren Stücken hinzu, deckt dann die Ringe darauf und zündet das Feuer von vorn an. Sobald das Holz gut angebrannt ist, legt man vorsichtig einige Kohlen darauf, die wenn nötig, um gut zu brennen, in feine Stücke zerschlagen werden. Manchmal, wenn die Sonne in das Kamin scheint und die kalte Luft in demselben nicht in die Höhe steigen kann, rauchen die Herde: in diesem Falle macht man von Spänen, Stroh oder dergl. ein rasches, helles Feuer, welches die Luft im Kamin rasch erwärmt und das Entweichen des Rauches ermöglicht. Nicht genug kann davor gewarnt werden, zum Feueranzünden oder zum Anfachen von erlöschendem Feuer Petroleum zu nehmen, da durch diese Unvorsichtigkeit schon unzählige Brandunglücksfälle entstanden sind. Die Streichhölzer müssen in der Nähe des Herdes ihren bestimmten, erhöhten Platz haben, um vor Kindern sicher zu sein.
>
> Aus: Elise Kühn, „Haushaltungslehre", Nassau 1908

Anschließend bereiteten beide zusammen – Marga und die Hausfrau – das Essen zu. Auf Anweisung schälte Marga Kartoffeln und rieb sie, putzte Gemüse, schlug Eier, knetete Teig … Die Hausfrau bereitete das Essen zu und zeigte Marga, „wie die Zutaten zusammengehörten". Manchmal durfte Marga selber etwas ausprobieren.

Wenn das Essen fertig war, deckte Marga den Tisch im „alten" Wohnzimmer: Sie legte ein weißes Tischtuch auf und holte Suppenteller, Unterteller, Messer, Gabel, Löffel und Servietten aus der Küche. Zum Schluß brachte sie noch Küchenstühle an den Eßtisch. Das Essen dauerte etwa 1 Stunde bis 14.00. Anschließend zog sich Frau A. eine halbe Stunde lang ins Schlafzimmer zurück. Herr A. ging zurück ins Geschäft. Die Jungen begannen ihre Hausaufgaben. Marga spülte ab und holte Holz aus der Werkstatt.
Um 15.00 gab es Nachmittagskaffee, den Marga zubereitete. Anschließend arbeitete sie gemeinsam mit der Hausfrau im Garten, im Hof (Holz stapeln) oder im Haus: Da gab es zu bügeln, zu nähen, einzukochen, oder Rechnungen auszutragen.
Wenn Marga nachmittags sehr müde wurde oder der Rücken weh tat, dann konnte sie sich „ruhig ein wenig ausruhen". Dann setzte sie sich ein paar Minuten auf einen Stuhl – „darauf ging es wieder".
Um 18.00 bereitete Marga das Abendessen zu, brachte die Kleinen ins Bett, wusch das Geschirr, trug Holz für den nächsten Tag ins Haus und lief anschließend – meist wurde es 19.30 – heim. Zu Hause gab es für Marga immer noch zu Flicken und zu Stopfen. Während die jüngeren Geschwister schon schliefen, half Marga der Mutter. Um 21.00 ging sie schlafen.

Am Abend nach vollbrachtem Tagewerk kann sie dann der wohlverdienten Ruhe pflegen; sie wird die Wahrheit der Worte erfahren:

„Nach getaner Arbeit ist gut ruh'n;
Wer fleißig ist in seinem Stand,
Den segnet Gott mit milder Hand."

Denn:

„Fleiß bringt Brot, Faulheit Not."

Aus: Elise Kühn, „Haushaltungslehre", Nassau 1908

Mahlzeiten

Seit Marga arbeiten ging, durfte sie zu Hause nichts Eßbares mehr anrühren. „Geh, du kriegst genug bei Deinen Leuten".
Zum Frühstück bei Familie A. gab es Brot mit selbstgemachter Marmelade und Malzkaffee.
Zum Mittagsessen kam die ganze Familie zusammen, manchmal aßen Schreiner aus der Werkstatt mit. Man wartete, bis die Kinder aus der Schule kamen und setzte sich gegen 13.00 zu Tisch. Jeder hatte seinen festen Platz: der Hausherr am Kopfende, die Hausfrau zu seiner Rechten, dann kamen die Kinder. Marga saß zwischen Franzl und Karli, den älteren.
Vor dem Essen wurde gemeinsam ein Tischgebet gesprochen.

Tischgebet.

In keiner christlichen Familie soll man sich zu Tische setzen, ohne ein Gebet gesprochen zu haben, sei es leise im Herzen oder laut, indem eines für alle betet. Das leise Gebet wirkt durch die feierliche Stille, welche eintritt, auf das Gemüt und führt dadurch das Herz Gott näher; schöner jedoch ist es noch, wenn Vater oder Mutter bei Tisch durch einen Spruch an die Güte Gottes erinnern.

Das Tischgebet ist also ein schönes Mittel zur Förderung und Bewahrung des religiösen Sinnes in der Familie. Der Segen Gottes ist es, der uns ernährt, und jede Mahlzeit soll uns erinnern an seine treue Vaterliebe und -Güte, wie an die Pflicht, durch nützliche Anwendung aller von Gott verliehenen Gaben und Kräfte dankbar zu sein.

Herr Jesu komm, sei unser Gast!
— Wenn Du das recht gebetet hast,
So schmeckt im Hüttlein oder Saal
Das reichste wie das ärmste Mahl.

Aus: Elise Kühn, „Haushaltungslehre", Naussau 1908

Die Speisen waren einfach, aber „mit Liebe zubereitet, und sie schmeckten".
Es gab Kartoffelsuppe, Erbsenbrei, Klöße mit Bohnenkernen, Sauerkraut mit Dörrpflaumen, oder Kartoffeln mit marinierten Heringen.
Marga war es nicht gewohnt, täglich warm zu essen. Außerdem hatte sie zu Hause nie Messer und Gabel benutzt. Deshalb hatte sie zu

Anfang Angst vor den Mahlzeiten. „Sie war so schinant“. Der Hausherr ermunterte sie mit den Worten: „Komm Kleine, lang nur zu. Wir lernen dir schon noch das Essen“.

Die Mahlzeiten der Familie.

Das Tischdecken, gewöhnlich die letzte Arbeit vor dem Essen, muß mit Pünktlichkeit geschehen, denn ein sauber gedeckter Tisch erhöht die fröhliche Stimmung, die bei den Mahlzeiten herrschen soll.

Der Tisch sei stets mit einem reinen Tischtuch oder wenigstens mit einem Wachstuch belegt. Dieses ist in Familien, in denen kleinere Kinder mit am Tische essen, recht praktisch; es ist leicht abwaschbar und spart die Wäsche der Tischtücher. In die Mitte des Tisches kommt ein Schutzdeckchen zum Aufstellen der heißen Speiseschüsseln, daneben eine Flasche Wasser und einige Gläser, der Teller mit Brot und das Salzfäßchen. Die vor jedem Decken nochmals blank geriebenen Teller stellt man pünktlich um den Tisch und legt rechts daneben das Besteck (Messer rechts, Gabel links) und quer oben vor den Teller den Löffel. Soviele Vorlegelöffel, als Speisen auf den Tisch kommen, legt man an den Platz der Hausfrau. Die Ränder und Böden der Schüsseln sind vor dem Auftragen sorgfältig abzureiben, damit letztere keinen schwarzen Rand auf dem Tischtuch hinterlassen.

Jedenfalls darf nichts vergessen werden; es ist stets störend, wenn hin- und hergelaufen werden muß, um das Vergessene zu holen. Kommt dies denn doch einmal vor, so muß ein Mädchen sofort sehen, was vermißt wird und es so rasch und leise als möglich zur Stelle schaffen. Überhaupt befleißige sich jedes bei Tisch der Aufmerksamkeit und beobachte ein anständiges, manierliches Betragen, damit das gemeinsame Mahl die Familie nicht nur zum Essen, sondern zugleich auch zum Gedankenaustausch und fröhlichen Beisammensein vereine. Nur so wird diese Stunde für alle eine Erholung von der Arbeit werden und Kraft geben zu neuem Schaffen.

Aus: E. Kühn, „Haushaltungslehere“, Nassau 1908

Nach dem Essen sprach man ein Dankgebet und blieb anschließend noch eine Weile sitzen zum Plaudern: Die Kinder erzählten, was sie in der Schule gelernt hatten, die Hausfrau von Margas „Dummheiten“. Nach etwa 30 Minuten beendete Frau A. die Mahlzeit mit den Worten: „So, jetzt arbeiten wir noch ein bißchen“.
Zum Nachmittagskaffee gab es wieder Brot mit selbstgemachter Marmelade und abends Reste vom Mittagessen.
Einmal bekam der Hausherr seinen Malariaanfall gerade, als die Familie zum Essen zusammengekommen war. Der Tisch war schon

gedeckt, das Essen aber noch nicht aufgetragen. Da schrie Herr A. plötzlich los: „Marga, da fehlt was!“. Die Familie warnte er, nicht zu verraten, was es sei. Marga müsse selber drauf kommen. Vor lauter Angst fiel ihr nichts mehr ein. Frau A. versuchte, mit Zwinkerzeichen zu helfen. Marga kam nicht drauf, daß es die Servietten waren. Da riß er das Tischtuch vom Tisch. Das Geschirr fiel auf den Boden und zerbrach. Mutter, Kinder und Marga verschlossen sich in der „guten Stube“, bis der Anfall vorüber war.

Schon kleinen Kindern sollte man die ersten Gebote der Höflichkeit verständlich machen und genau darauf achten, daß sie befolgt werden, damit sie ihnen zur Gewohnheit werden.

Man hüte sich vor allem, in nachlässigem Anzuge zu erscheinen. Das Kleid und die Schürze sollen frisch, und die Haare glatt gekämmt sein. Die Hände selbstverständlich rein gewaschen.

Zu spät an den Tisch zu kommen ist ungehörig, und muß vermieden werden.

Jüngere Personen sollen sich nie setzen, ehe die älteren Platz genommen haben und sich stets von den angebotenen Speisen bescheiden nach diesen nehmen.

Man beobachte gerade Haltung bei Tisch, beuge den Kopf nicht über den Teller, lehne sich aber auch nicht auf dem Stuhl zurück; man vermeide beim Essen jegliches Geräusch, wie z. B. blasen, schlürfen, schmatzen, klappern mit Messer und Gabel usw.

Den geschickten Gebrauch von Messer und Gabel suche man durch Beobachtung und Uebung zu erlernen; nie bringe man das Messer an oder gar in den Mund und esse nichts mit dem Löffel, was mit der Gabel gegessen werden könnte.

Die Finger benütze man zum Anfassen der Speisen möglichst wenig, Salz ist mit der Messerspitze herauszulangen.

Man nehme sich zum Essen Zeit, esse nicht zu heiß, fülle den Mund nicht zu voll, kaue und trinke leise und spreche nie mit vollem Munde.

Nie greife man über den Teller eines anderen, sondern bitte den Nachbar, das Gewünschte herüber zu reichen.

Die Ellbogen auf den Tisch zu legen oder zu stützen, ebenso dieselben, wie z. B. beim Fleischschneiden, auf beiden Seiten von sich zu strecken, ist unschicklich; die Ellbogen halte man dicht an sich.

Aus: E. Kühn: „Haushaltungslehre“, Nassau 1908

Nach diesem Vorfall ist Marga greinend heimgerannt. Darauf ist die Mutter gleich zu den A’s gelaufen und hat den Hausherrn angeschrien „Ich laß mir mein Kind nicht kaputtmachen“.

Herrn A. tat es leid, daß er grob gewesen war und gab ihr 5 Mark. Darauf schickte die Mutter ihre Tochter am nächsten Morgen wieder zur Arbeit.

Hausarbeit

Alle Arbeiten verrichteten Marga und die Hausfrau gemeinsam: Sparen, Gründlichkeit und Schnelligkeit waren die wichtigsten Tugenden im Haushalt.
Alle Hausarbeiten mußten „flink" verrichtet werden. Langsam durfte man nie sein – und nie unnütz herumstehen.

Eigenschaften der Hausfrau.

Die Haupteigenschaften einer Hausfrau müssen sein: Fleiß, Reinlichkeit, Ordnungsliebe und Sparsamkeit; nur bei deren Vorhandensein ist es möglich, den Haushalt so zu führen, wie es zum Glück und Wohlergehen einer Familie notwendig ist. Die Pflichten einer Hausfrau erstrecken sich:

1. auf die richtige Zubereitung der Speisen,
2. auf Ordnung und Reinlichkeit in Wohnung und Kleidung,
3. auf sparsames Haushalten und richtiges Verwalten des Geldes,
4. auf die Pflege der Kranken und
5. auf die Erziehung der Kinder.

Des Hauses Schmuck ist Reinlichkeit,
Des Hauses Glück Genügsamkeit,
Des Hauses Ehr' Gastfreundlichkeit,
Des Hauses Segen Frömmigkeit.

Aus: Elise Kühn, „Haushaltungslehre", Nassau 1908

Wenn Marga morgens die Öfen anheizte, mußte sie darauf achten, daß sie nur ein Streichholz verbrauchte: „Beim Streichhölzla lernt man das Sparen".
Außer dem Licht gab es kein elektrisches Gerät. Licht durfte nur in dem Zimmer brennen, in welchem jemand zu arbeiten hatte. Wenn

Marga einmal vergaß, beim Verlassen eines Zimmers das Licht auszuknipsen, „dann war der Teufel los".

„Willst du dein Haus in Wohlstand seh'n,
Laß unnütz nichts verloren geh'n."

Vernünftige Sparsamkeit ist die Grundbedingung zur Führung eines glücklichen Hauswesens. Sie besteht in der Kunst, mit den vorhandenen Mitteln auszukommen, d. h. Einnahmen und Ausgaben in das rechte Verhältnis zu bringen und darin zu erhalten, unnötige Ausgaben zu vermeiden und etwas zu erübrigen für die Zeit des Alters oder der Not.

Aus: Elise Kühn, „Haushaltungslehre", Nassau 1908

Die Holzböden wurden jeden Freitag knieend mit der Wurzelbürste, Kernseife und Fegelumpen gereinigt. Die Hausfrau sah nach, ob besonders die Ecken auch sauber waren. An den übrigen Tagen wurden die weniger benutzten Räume nur ausgefegt.

Das tägliche Reinigen der Wohnung geschieht morgens, und zwar zur Vermeidung des Durchzugs bei geöffneten Fenstern und geschlossener Türe. Vor dem Kehren werden Polstermöbel (Sofa) zugedeckt, etwa umherhängende Kleidungsstücke aufgeräumt, Schränke und Schubladen gut verschlossen, damit der Staub nicht eindringen kann, und alle kleinen Möbel, wie Stühle ꝛc. aus dem Wege geräumt, damit die Arbeit gründlich von statten gehen kann. Alsdann wird zuerst mit dem Handbesen der Staub aus den Ecken und unter den feststehenden Möbeln hervorgefegt und nun gekehrt. Beim Kehren streicht man mit dem Haarbesen zweimal über die betreffende Stelle und hebt den Besen jedesmal langsam, damit kein Staub aufgewirbelt wird. Dann wird feucht aufgezogen. Während des Aufziehens setzt sich der Staub und kann nun mit einem weichen Lappen von Möbeln, Fenstersims und -Rahmen, Türen und Bildern entfernt werden. Man schüttele dabei das Tuch öfters zum Fenster hinaus; Vorhänge, Decken und Teppiche sind ebenfalls durch Schütteln auszustauben. Wenn nötig, muß das Wohnzimmer mittags nach dem Essen nochmals aufgeräumt, gekehrt und abgestaubt werden, um den ganzen Tag ein sauberes, geordnetes Zimmer zu haben.

Aus: Elise Kühn, „Haushaltungslehre", Nassau 1908

Die Küche wischte Marga täglich. Die gußeiserne Herdplatte rieb sie nach dem Kochen mit ranzigem Fett ein, das zum Essen nicht mehr zu gebrauchen war.

Die Wäsche wurde jede Woche im Waschhaus neben der Werkstatt gewaschen: In der Nacht von Montag auf Dienstag hatte Frau A. die Weißwäsche, die Buntwäsche und die Strümpfe in 3 Zinkwannen mit „Henko" eingeweicht.
Am nächsten Tag mußte Marga um 6.00 da sein. Frau A. stand dann schon in der Waschküche. Die Wäsche wurde im Kessel gekocht,

Aus: Erna Horn, „Der neuzeitliche Haushalt", München o.J.

gestampft, mit der Wurzelbürste einzeln saubergeschruppt, wieder gekocht und über Nacht in „Sil“ gelegt (damit die Weißwäsche schön weiß wurde). Am 3. Tag wurde die Wäsche ein paarmal ausgespült, ausgewrungen, in Körbe und Wannen gepackt, auf einen Handwagen verladen und auf einen eingezäunten Lagerplatz gefahren, wo nur die Familie A. ihre Wäsche aufhängte. Sie haben „immer eine schöne Wäsche gehabt. Wie ein Schwan, so weiß.“
Um 16.00 holte Marga die Stücke von der Leine, transportierte sie im Handwagen zum Haus und trug die Körbe in die Küche.
Am 4. Tag wurde gebügelt: Frau A. hatte (später) eine Handmangel angeschafft. Marga drehte die Kurbel. Frau A. ließ die Wäschestücke durchlaufen. Den Rest bügelten sie abwechselnd mit einem Eisen, das mit glühender Holzkohle gefüllt und dadurch erhitzt wurde.

Gartenarbeit

Im Garten arbeiteten alle zusammen, die Hausfrau, Marga und oft auch die Lehrbuben: Umstechen, Mistfahren, Pflanzen, Auskrauten, Gießen. Wenn sie einen halben Tag lang Mist gefahren hatte, konnte Marga sich abends nicht mehr rühren. Dann erzählte sie es der Mutter. Die Mutter ging dann zu Frau A. und beschwerte sich: „Das ist fei nix für dera“. Das sah Frau A ein und ließ Lehrlinge die Arbeit tun.
Einer der Lehrlinge, mit dem Marga oft im Garten arbeitete, war zu Frau A. gegangen und hatte sie gebeten: „Sagen Sie der Köcha, sie soll mich mögen. Die gefällt mir. Die soll meine Frau werden“. Marga mochte ihn nicht, „weil er ein Blödl war und Plattfüße hatte“.
Manchmal, wenn Marga gerade heim wollte, sollte sie noch schnell den Garten gießen. Der Garten war groß, und zu Hause wartete die Mutter schon mit dem Stopfen und Flicken. „Sie war halt selber auch schon körperlich kaputt“. Marga wehrte sich dann: „Mei Zeit is rum. Ich will ham“. Frau A. überredete sie freundlich: „Ja, ja Madla, kommst schon ham. Das geht ja schnell“.

Wenn Marga später kam, schimpfte die Mutter: „Wo bleibst denn wieder. Ich wart scho“.

Monatsplan für die Gartengeschäfte.

März: Umgraben und Düngen der Beete zur Aussaat von Salat, Radieschen, Zwiebeln, Erbsen, Gelbe- und Roterüben, Spinat, Schnittkohl, Petersilie und Kerbel. Stecken der Steckzwiebeln.

April: Verpflanzen von Schnittlauch und Esdragon. Säen der Schwarzwurzeln, Rettige. Aussaat von späten Sorten Rot- und Weißkraut, Wirsing, Blumenkohl, Rosenkohl, Winterkohl, Ober- und Unterkohlrabi; Kopfsalat auf ein Beet ins Freie, Legen der Buschbohnen.

Mai: Auspflanzen der Kohlarten, Sellerie und Lauch. Legen der Gurken, Busch- und Stangenbohnen, Rettige. Hacken der Beete.

Juni: Für späteres Auspflanzen Oberkohlrabi, Kopfsalat und Winterendivien säen, außerdem Herbstrettige. Fleißiges Gießen, Düngen, Jäten und Hacken der Kohlarten.

Juli: Hacken der Bohnen; Auspflanzen der Pflanzen vom vorigen Monat.

August: Anpflanzen abgeernteter Beete mit Winterkohl, Feldsalat und Endivien. Ernten der Zwiebeln.

September: Pflanzen des Wintersalats, Binden von Endivien zum Gebrauch. Düngen und Hacken von Sellerie, Lauch und Winterkohl.

Oktober: Herausnehmen und Einschlagen der Wintergemüse in Garten oder Keller.

November: Düngen und Umgraben der Beete; Bedecken der schutzbedürftigen Pflanzen.

„Wer sich des Brotes freuen will,
Muß guten Teig sich kneten;
Wer sich des Gartens freuen will,
Der muß das Unkraut jäten;
Wer sich des Lebens freuen will,
Muß arbeiten und beten.

Aus: Elise Kühn, „Haushaltungslehre“, Nassau 1908

Werkstatt

Morgens zwischen halb acht und acht Uhr, wenn Marga ihre ersten Arbeiten fertig hatte, ging sie in die Werkstatt, um dem ältesten Meister einen Kaffee zu bringen. Ihm war die Frau gestorben. Deshalb wurde er von der Familie A. teilweise mitversorgt. „Mei Köcha bringt mir Kaffee“.

Schreinerwerkstatt einer Berufsschule in Leipzig

Aus: „Mein Weg ins Leben", Jahrbuch für die deutsche Volksschuljugend, Jg. 1927

Anschließend blieb Marga noch ein wenig – „wegen der Unterhaltung". In der Werkstatt war es immer schön warm, denn in der Ecke stand ein riesiger flacher Ofen, der jeweils mit einem Zentner Abfallholz nachgefüllt wurde. Im Winter rückte Marga den Stuhl immer dicht an den Ofen, beobachtete die Schreiner, wie sie an ihrer Werkbank arbeiteten und plauderte mit ihnen. Alle Schreiner nannten Marga „die Köcha" und duzten sie. Auch Marga sprach alle mit Vornamen an. „Brauchst zu uns net „Sie" sagen, Köcha".
Einmal war Marga zufällig mit dem Meister dort alleine. Der kam nahe und begann an den oberen Knöpfen ihrer Jacke herumzunesteln. Marga wußte erst nicht so recht, was er wollte. Als sie merkte, daß er ihr die Jacke aufknöpfen wollte, stieß sie ihn weg. Abends erzählte sie den Vorfall ihrer Mutter. Die Mutter rannte darauf zu ihm hin. Der versprach, es nie wieder zu tun und gab ihr Geld, damit sie nichts verrate.
Herr A. sah es nicht gern, wenn Marga in der Werkstatt war. „Möcht wissen, was du immer bei die Schreiner tust. Geh rauf, mach dei Arbeit". Die Männer verteidigten Marga: „Laßt halt das Madla gehn!"

Wenn die Zeit gekommen ist …

Einmal an einem Vorfrühlingstag, wenn draußen die Natur zu keimen bebeginnt und ein junges Gemüt den ersten Lenz unruhig in sich spürt, in der Dämmerstunde soll die Mutter seine Hände nehmen und es einführen ins Leben. Eine weihevolle Stunde der Besinnlichkeit, ein zartes Tasten soll das werden, wenn das Kind des Lebens wahren Inhalt erfährt.

Je nach der Reife sind die Erklärungen auszudehnen oder einzuschränken, ein wenig Aushorchen gibt genaue Auskunft, wieweit Kenntnisse schon vorhanden sind. Bei noch kindlicheren Gemütern ist der Ton gut abzustimmen. Eine Katze mit spielenden Jungen, ein Reh im Walde bilden den Anfangsgrund des Begreifens. Der Übergang zum Kinde selbst ist leicht, es wird den Weg zurückgeführt, auch in der Erinnerung, das lenkt etwas ab. „Weißt du noch, als du ein kleines Mädel warst, wie du Puppen gespielt hast? Da warst du auch Mama. Ganz klein habe ich dich oft ans Herz gedrückt, als du erst wenige Tage auf der Welt warst, und dann bist du geboren und vorher bist du auch an meinem Herzen gelegen. Jedes Kindchen, das der Katzen, das vom Reh, meines, Tante Lisas Kinder lagen alle an dem Herz der Mutter, ich auch, die Mutter schenkt dem Kinde Fleisch und Blut, Augen, Haare, alles, und ich habe dich wieder von Vater bekommen. Er hatte mich sehr lieb und aus der Liebe entstehen dann die Kinder. Auch du wirst einmal groß sein, einen Mann liebhaben und süße kleine Kinderchen bekommen. Dazu ist dein Körper eingerichtet. Siehst du, die Kuh gibt Milch, die sollte sie eigentlich nur für ihr Kälbchen haben, aber sie hat soviel und gibt uns davon. Eigentlich gehörte sie aber nur ihrem Jungen. Auch wir Menschenmütter haben Nahrung für unsere Kinderchen, und dazu sind unsere Brüste da. Auch du hast einmal daran getrunken. Wie das alles kommt und ist, das bleibt ein ewiges Geheimnis, niemand, kein Gelehrter, kein Weiser kann das jemals erklären, ich kann es dir auch nicht sagen. Jedenfalls mußt du wissen, daß es etwas Heiliges und Wunderbares ist. Lach nie darüber, sprich auch nicht mit den anderen Kindern davon, nicht, weil ich es dir verbiete, sondern weil leicht etwas Häßliches aus Unverstand daraus wird. Komm immer zu mir, wenn du etwas wissen willst, ich sag dir alles, hast du das verstanden?"

Bei Jungen und Fortgeschritteneren, auch schon körperlich Entwickelteren kann man schon weitergehen: „Also mein Kind, du siehst, in dir sind Veränderungen vorgegangen, deine Stimme wird dunkler, dein Körper breiter und du bekommst alle Begleiterscheinungen eines Mannes. Noch bist du keiner, aber bald wirst du einer sein und damit übernimmst du eine schöne Verantwortung. Du weißt vielleicht schon, wie die Natur sich ihre Geschöpfe erhält, denn immer neue Geschlechter werden geboren, damit sie nicht ausstirbt, während die alten dahingehen. Jeder Fisch, jeder Vogel bekommt artgleiche Junge. Auch wir Menschen müssen, um nicht auszusterben, Kinder bekommen, und so ist dieses schöne Amt uns Müttern zugefallen. Der Vater und die Mütter, die ein Kindchen wollen, lieben sich, und aus der Liebe, die du später kennenlernen wirst, entsteht ein Kind, das aber noch nicht fertig ist, um leben zu können, so hütet es die Mutter warm und sorglich an ihrem Herzen, bis es groß genug ist, und eines Tages tritt das Kind aus dem Schoß der Mutter in die Welt und lebt. Das Kind wächst, wird groß, klug, und eines Tages wird es selbst Mann oder Frau. Natürlich gehören verschiedene Körperteile dazu, Mann und Frau zu sein, und die sind heilig, da es heilig ist, selbst zu lieben und Vater oder Mutter zu sein. Hüte deinen Körper und deine Seele, es ist nichts Häßliches an der Natur, du brauchst dich nicht zu schämen, auch darfst du darüber nichts Häßliches sprechen. Vor allem hüte dich mit Freunden darüber zu sprechen; es gibt rohe Buben, die es gar nicht verstanden haben, wie schön alles im Leben eingerichtet ist. Laß dich nicht von dummen Gedanken quälen, später wirst du alles gut begreifen, heute ist es noch nicht möglich. Wenn du aber etwas wissen willst, komm immer zu mir oder zum Vater. Und merke dir, wie ein Erfinder seine unfertigen Gedanken, ein Vögelchen sein Ei im Nest, eine Mutter ihr krankes Kind, so behüte deinen noch unfertigen Körper, bis du später ein richtiger Mann wirst, nicht einer, der die Hälfte seiner körperlichen und geistigen Schönheit schon abgeworfen hat."

Aus: Erna Horn, „Der neuzeitliche Haushalt", München o.J.

Weihnachten

Weihnachten bei Familie A. war „ein wunderbares Fest".
Vier Wochen vor Weihnachten begann die Hausfrau – 2 mal wöchentlich - Plätzchen zu backen: Anis-, Butterplätzchen, Lebkuchen ... Marga holte große Backbleche vom Bäcker, ließ die Plätzchen dort backen und trug sie anschließend in Körben heim. In einem großen Waschkorb wurden die Plätzchen gesammelt und im „neuen Wohnzimmer" aufbewahrt. „Da ging keiner dran. Das hätte sich niemand getraut."
Kurz vor Weihnachten begann Frau A. die Plätzchen zusammen mit Äpfeln und Nüssen (aus dem eigenen Garten) in Päckchen zu verpacken. Jedes Päckchen erhielt eine Schleife und einen Tannenzweig zum Schmuck.
Nachmittags (am Heiligabend) trug Marga die Päckchen in einem großen Korb ins Hinterhaus. Die Leute wußten schon, was Marga brachte, und die Kinder wartete schon. „Geh nur rein, Köcha".
Später ging Marga zusammen mit Frau A. zu den Klosterpatern, um auch ihnen Päckchen zu bringen. Sie enthielten Plätzchen, Räucherfleisch, Hartwurst und Unterwäsche. 8 Tage darauf kam ein hoher Würdenträger, um sich zu bedanken. Er wurde ins neue Wohnzimmer geführt. Frau A. war immer ganz aufgeregt, wenn er kam.
Marga blieb am Heiligabend bis etwa 20.00 bei Familie A. Anschließend ging sie heim.

Zur Vorbereitung der Bescherung hat sich Frau A. „immer solche Mühe“ gegeben. Nachdem die Wohnung zuvor gründlich geputzt war, verschloß sie das „neue Wohnzimmer“. Auch Marga durfte es nicht mehr betreten.
Um 17.00 war Bescherung: Wenn die Familie das Weihnachtszimmer betrat, brannten die Kerzen am Christbaum. Darunter waren die Geschenke mit Namensschildchen und je einer Kerze hergerichtet. Der Tisch war festlich gedeckt. Jeden Platz hatte Frau A. mit Tannenzweigen und einer Kerze geschmückt. Die Tischdecke war mit Weihnachtsmotiven bestickt.
Franzl setzte sich ans Klavier und stimmte Weihnachtslieder an. Alle sangen gemeinsam „Süßer die Glocken nie klingen ...“, „Oh, du fröhliche ...“ und andere Weihnachtslieder.
Anschließend packte jeder sein Geschenk aus: Selbstgestrickte Socken, Pullover, Handschuhe, von der Hausschneiderin genähte Nachthemden oder Schulhefte, Malstifte, Bücher. Für die Kinder gab es ein einfaches Spielzeug: ein Feuerwehrauto, oder ein Spiel. Marga bekam Stoff zu einem neuen Kleid.
Anschließend setzte sich die Familie an den festlich gedeckten Tisch. Bei Kerzenlicht plauderte man ein wenig. Dazu gab es Kakao, Stollen und Plätzchen. „Zu Weihnachten hat Herr A. seine Frau immer in den Arm genommen.“ Später, wenn Marga schon weg und die Kinder im Bett waren, tranken die Eltern Punsch und gingen anschließend um zwölf in die Christmette.
Zu Hause wurde Marga mit Ungeduld erwartet, denn alle wußten, daß sie mit reicher Bescherung kommen würde: Frau A. hatte ihr einen Korb mit Stollen, Plätzchen, Äpfeln, Nüssen, Schokolade, Wurst und einer Flasche Punsch gefüllt. Der Korb war immer so schwer, daß ein Bruder sie abholen und tragen helfen mußte.
Zu Hause scharten sich alle um den Korb und schauten zunächst mit großen Augen hinein. Erst nach einer Weile trauten sich die Geschwister vorsichtig hineinzulangen. „Sie waren halt so erzogen“.
Am ersten Feiertag arbeitete Marga, wie jeden Sonntag, bis nach dem Mittagessen. Einmal hatte Herr A. seinen Anfall gerade während des Essens: Dabei hatte er im Zorn die Weihnachtsgans auf die Straße geworfen. Zufällig lief ein kleiner Hund vorbei, der sich gleich über die Gans hermachte. Da mußte Marga sie schnell wieder holen. Sie wurde abgewaschen, noch einmal kurz in die Bratröhre gesteckt, und dann „war der Sturm wieder rum“.

Aus: „Die Gartenlaube“, 1928

Bevor Marga arbeitete, hatte sie immer getragene Kleider von anderen anziehen müssen. Das erste eigene Kleid hatte sie sich mit Blaubeerensammeln verdient. Das zweite – aus weinrotem Wollstoff – war ein Weihnachtsgeschenk der Familie A. gewesen.
Einmal hatte Marga zu Weihnachten ihr erstes Nachthemd von Frau A. bekommen. Zu Hause schliefen alle in Unterwäsche. Nachthemden oder Schlafanzüge kannten sie nicht. So mußte Marga ihr neues Stück der Familie vorführen. Da haben alle gelacht: „Schau an, die Närrische, was die anhat". Später hat Marga für alle Geschwister „nach und nach" abgetragene Nachthemden und Schlafanzüge von der Familie A. bekommen.
„Weil alle anderen Mädel schöne Sachen hatten", nur sie nicht, wollte Marga zum Sommer auch mal ein Kostüm haben. Frau A. hatte ihr angeboten, das Geld vorzulegen. Die Mutter war dagegen: „Was brauchst ein Kostüm". Der Vater half ihr: „Laß sie halt". Sie erhielt 35 Mark, kaufte den Stoff zusammen mit Frau A. ein und ließ das Kostüm bei der Hausschneiderin nähen. Anschließend zahlte sie das ausgeliehene Geld mit 2 Mark jeden Monat ab. Später kaufte sie auf die gleiche Weise einen Wintermantel und die ersten eigenen Schuhe. Ihre Lackschuhe trug sie 5 Jahre.

Körperpflege

12. Körperpflege und Schönheitsmittel

Infolge unseres Gemeinschaftslebens entsteht ganz selbstverständlich in jedem Menschen ein gewisser Geltungsdrang, der beim Manne im beruflichen Ehrgeiz gipfelt, bei der Frau jedoch darin, schön zu sein. Das ist durchaus keine erworbene Untugend, vielmehr ein ganz natürlicher Trieb, den wir Eitelkeit nennen. Je nach Maß ist diese nun reizvoll oder lächerlich, zu wenig frauliche Eitelkeit jedoch ist Mangel.

Aus: Erna Horn, „Der neuzeitliche Haushalt", München, o.J.

Zu Hause wusch man sich mit kaltem Wasser, Kernseife und einem Lumpen. Zum Warmbaden benutzten alle 8 Kinder das gleiche Wasser hintereinander.

Seitdem Marga in Stellung war, durfte sie jeden Samstagnachmittag die Badewanne der Familie A und frisches Wasser benutzen. Ihre schmutzige Wäsche konnte sie im Wäschekorb der Familie A. lassen. Sie wurde mitgewaschen. Nach dem Baden zog sie frische Sachen an, die sie von zu Hause mitgebracht hatte. Anschließend ging sie „sauber und frisch gebadet" heim.

Freizeit

Der Fünfzehnjährigen gestatte die Mutter Freundinnen, noch so dumm und albern, soll sie dieselben nie verlachen oder verspotten, sind sie doch der Tochter Spiegel ihres eigenen Wesens. Vielmehr soll die Mutter mit jung sein, mit den sogenannten „Gänsen" beisammensitzen und deren harmloses Geplauder anhören. Sie erfährt dadurch manches aus der Seele Heranreifender. Wenn es Zeit gibt, Spaziergänge zu Vieren und Fünfen, nicht nur mit der Tochter allein, plaudern aus eigener Jugend, erzählen aus dem Leben der Voreltern, das mögen die Mädel gerne. Überhaupt soll ein äußerst starker Kontakt hergestellt werden. Nie darf, nicht nur soll einer Mutter das Gespräch ihrer Tochter mit Freundinnen uninteressant sein, war sie denn nicht selbst auch einmal jung und dumm? Ist das schon so lange her?

Aus: Erna Horn, „Der neuzeitliche Haushalt", München, o.J.

Freizeit gab es für Marga selten, weil sie zu Hause ja auch zu tun hatte. Freundinnen hatte sie nicht.
Hin und wieder ging sie Sonntag nachmittags mit Nachbarinnen in den Park, mit Mädchen, die sie aus der Schule kannte: Anni, Frieda, Meta …
Sie zogen sich das schönste Kleid an, das sie hatten, setzten sich auf eine Parkbank und „blödelten rum".

Volksfest

Das größte und schönste Volksfest in Forchheim war das „Annafest". Es fand auf dem Annaberg statt, der dicht bewachsen und mit vielen alten Bierkellern bebaut war. Zwischen Bäumen und Bierkel-

lern waren lange Tische und Bänke aufgestellt, sowie Buden und Geräte eingerichtet.
Wenn Annafest war, mußten natürlich alle Kinder hin. Marga nahm die jüngsten Geschwister mit. Etwas Geld hatten sie von Tanten gekriegt. Vor allem aber hatten sie Blaubeeren gesammelt und verkauft: Alle zusammen schafften bis zu 70 Pfund. Dafür erhielten sie von Händlern, die am Waldrand mit ihren Autos standen, 7 Mark. 5 Mark mußten sie den Eltern geben. Den Rest durften sie sich teilen. Mit ihren 20 bis 30 Pfennigen konnten sie schon einiges anfangen: Karussellfahren kostete 5 Pfennig. Für 2 Pfennig konnte man eine kleine Tüte Bonbons kaufen.
Marga verbrauchte ihr Geld am liebsten für Magenbrot, gebrannte Mandeln und Schaukeln.
Die Eltern gingen abends, wenn die Kinder im Bett waren, alleine auf den Annaberg. Rettich und Brot nahmen sie zum Essen mit. Bier tranken sie dort.
Einmal jedes Jahr ging die Familie A. gemeinsam mit Marga auf das Annafest. Auch sie nahmen eine Brotzeit für alle mit: Brot, Butter, Fleisch, Käse … Der Jüngste trug das Essen stolz im Rucksack auf dem Rücken den Berg hinauf. Man suchte sich einen schönen Platz. Die Eltern A. tranken Bier, die Kinder und Marga „Schapeso“ (Limonade). Später machte der Vater mit den Kindern und Marga einen Rundgang. Unterwegs durften sie schaukeln und Karussellfahren, „was sie wollten“.
Zum Andenken kaufte er jedem ein Annafestherz aus Pfefferkuchen.

Berufsschule

Während ihrer Arbeitszeit hatte Marga 3 Jahre lang jeden Mittwoch Berufsschule. Sie ging etwa fünf mal im Jahr hin. Weil sie „noch genug hatte von der Volksschule“, mochte sie nicht mehr schreiben und rechnen. Die Hausarbeit war ihr lieber. Außerdem brauchte Familie A. Margas Hilfe. Deshalb fiel ihnen immer etwas ein, weshalb Marga nicht zur Schule konnte. Meistens fuhr Herr A. mit dem Rad vorbei und entschuldigte sie. Er war der Meinung: „Was lernst denn da. Das kann ich dir auch lernen.“

Bund deutscher Mädchen (BDM) und Hitlerjugend (HJ)

Meine deutsche Jugend! Was wir vom kommenden Deutschland ersehnen und erwarten/das müßt ihr/meine Jungens und Mädchen, erfüllen. Wenn wir ein Deutschland der Stärke wünschen/so müßt ihr einst stark sein. Wenn wir ein Deutschland der Kraft wollen/so müßt ihr einst kraftvoll sein. Wenn wir ein Deutschland der Ehre wiedergestalten wollen/so müßt ihr einst Träger dieser Ehre sein. Wenn wir ein Deutschland der Ordnung vor uns sehen wollen/müßt ihr die Träger dieser Ordnung sein. Wenn wir wieder ein Deutschland der Treue gewinnen wollen/müßt ihr selbst lernen/treu zu sein.

Ihr seid das Deutschland der Zukunft und wir wollen daher/daß ihr so seid/wie dieses Deutschland der Zukunft einst sein soll und sein muß.

Adolf Hitler

Aus: „Ewiges Deutschland“, Ein deutsches Hausbuch, Braunschweig 1938

In der Berufsschule erzählten die Schulschwestern vom BDM: Da müßten die Mädchen hin, damit sie nachts aufgehoben wären, und damit sie wüßten, wo sie hingehörten. Die Mutter hatte erfahren, daß es dort Rock, Jacke, Schuhe und eine „wunderschöne Kappe – und alles umsonst" gebe. Deshalb schickte sie Marga hin, obgleich die Eltern alte Sozialdemokraten waren. Die BDM-Mädchen trafen sich jeden Mittwoch von 18.00 bis 20.00 in einem Raum des Altenheimes. Die BDM-Führerin war „eine schöne, große Frau". Man konnte ihr alles erzählen und alles fragen, „plaudern, wie man wollte".

Man saß im Kreis wie eine Familie. Sie erzählte von Hitler, daß er den Armen hilft.

Später machten sie Kreisspiele und sangen Lieder: „schöne Lieder": „Brüder, in Zechen und Gruben", „Schwarz-braun ist die Haselnuß", „Kameraden, die Rotfront", „BDM marschiert. Achtung, die Straßen frei!".

Oft sind sie singend durch die Stadt marschiert, „immer hitlerisch-angeberisch". Die Leute sind stehengeblieben und haben geschaut. „Das war schön".

„Wenn die Großen gekommen sind, die SA, haben sie sogar in die Hände gepatscht."

Der jüngste Sohn wollte später unbedingt zur HJ. „Er hatte schon vorher viel Sport getrieben". Herr A. schrie jedesmal rum, wenn er ging. Frau A. versuchte ihn zu beruhigen. „Laß halt die Kinder gehen."

Herr A. war Kommunist. Wenn die Nazis aufmarschierten, dann kriegte er Wutanfälle. „Da kommen sie wieder die Drecksäu. Die machen noch einen Krieg. Die machen noch alles hie."

Vom Reichsparteitag 1935. Singend, mit geschultertem Spaten, marschiert der Arbeitsdienst durch die festlich geschmückten Straßen in Nürnberg, jubelnd von den in dichten Reihen stehenden Zuschauern begrüßt

Photo Presse-Bild-Zentrale

Aus: Familienhort, Unterhaltungsblatt für die Familie mit Versicherung, Jg. 1936

HJ.-Erziehung

Die Themen der weltanschaulichen Erziehung in den vier Dienstjahren der HJ. sind kurz folgende: 1. Jahr: Der Führer, Der politische Soldat, Kampf um den Raum, Kampf um die Rasse. 2. Jahr: Deutsches Gemeinschaftsleben, Das Aufbauwerk des Führers, Deutschland und die Welt, Nationalsozialismus als Inbegriff des geschichtlichen Wollens des deutschen Menschen. Das 3. und 4. HJ.-Dienstjahr bringt eine Vertiefung, sachliche Erweiterung und Wiederholung dieser Themen.

1. Leibesübungen, und zwar der Lauf (100 Meter, 3000 Meter), Weitsprung, Keulenweitwerfen und Kugelstoßen, Schwimmen, Keulenzielwerfen, ein Dauer-Gepäckmarsch usw.

2. Geländesport (Schilderung von Bodenformen, Bodenbedeckungen, Kartenkunde, Beobachtung, Sehübungen, Entfernungsschätzen, Meldewesen, Tarnung und Geländeausnützung) und

3. Kleinkaliberschießen.

Aus: „Westermanns Monatshefte", Jg. 1933

Während in den klügelnden Gehirnen der Erwachsenen immer noch Bedenken und Ängste staubten, warf sich die deutsche Jugend rückhaltlos den Stürmen hin, die über Deutschland hinwegfuhren. Als endlich durch den Sieg der nationalsozialistischen Revolution auch die äußerlichen Hindernisse, so die Verbotsschranken, weggeräumt wurden, zeigte der kaum zu bewältigende neue Zustrom alsbald auch dem letzten Zweifler, daß die gesamte Jugend Deutschlands, aus allen Ständen und in allen Altersstufen, aus allen Konfessionen und allen Gauen, dem Führer gehört.

Die Hitlerjugend hat oft den Vorwurf hören müssen, daß sie ihren Gefühlen **blindlings** folge. Das ist richtig: blindlings!

Aus: „Westermanns Monatshefte", Jg. 1933

Politik

Als der Führer drangekommen ist, mußte man in der Berufsschule statt „gelobt sei Jesus Christus" – „Heil Hitler" sagen. Die Kirchenlieder wurden durch neue Lieder ersetzt „und alle haben mitgebläkt, die Schulschwestern und der Schulrat".
Aber den Armen ist es besser gegangen. Der Führer hat viel für die armen Leute getan: Als Kinderreiche erhielten Margas Eltern einen Gutschein für Wäsche, ein Kaffeeservice und Messer und Gabeln. Vorher hatte die Familie nur Löffel zum Essen und Häferle ohne Henkel zum Trinken besessen.
Zu Weihnachten bekamen die Kinder sogar Spielzeug von der Partei „nicht neue, aber sehr schöne Sachen". Einmal war ein schöner Puppenwagen mit Eisenrädern dabei. (Marga erinnert sich, weil ihr die Mutter das Eisenrad an den Kopf geworfen hat, als eines der Kinder etwas angestellt hatte).

Das Brot gibt Kraft der Menschenhand,
Die Kinderschar macht stark das Land.
Zweifach ernährt von freien Bauern,
Wird unser Reich Jahrtausend dauern.

Aus: „Das deutsche Hausbuch", Berlin 1943

Juden

Marga kannte 2 jüdische Familien. Beide besaßen Textilgeschäfte. Margas Mutter kaufte in einem der beiden immer ein. „Der Jud'" legte für sie getragene Sachen zurück und verkaufte sie ganz billig. Was Margas Mutter kaufte, konnte sie mit 50 Pfennig in der Woche abbezahlen.

„Die Juden waren ganz feine Leute, immer freundlich und nie eingebildet". Wenn einer aus Margas Familie kam, gab man ihm gleich die Hand. Auch die Kinder wurden freundlich begrüßt und kriegten einen Bonbon. Für den Vater hatten sie meistens ein wenig Pfeiftabak übrig. „Alle Leute haben die Juden gemocht".

„Erst haben sie Kindergeld gegeben und dann erst die Juden verfolgt".

In der Nachbarschaft erzählte man sich, daß die SS die Synagoge verbrannt und alles zerschlagen hätte. Vorher hätten sie das Gold rausgeholt.

Man erzählte vom „Kampf gegen die Juden". Marga und ihre Geschwister durften abends nicht mehr raus. „Wer weiß, was die mit den Juden machen, die holen euch auch ..."

Die Kinder wurden angehalten, mit niemand zu reden. Die Mutter drohte: „Wenn einer was sagt, gebt keine Antwort, sonst schlag ich euch die Goschen weg".

Einmal, als Marga arbeiten war, hatten sie Juden geholt. Die Mutter erzählte es abends. Eine Nachbarin war aufgeregt gekommen: „Geh, Käthla, geh nei in die Stadt, die tun die Juden fort".

Eine andere Nachbarin hatte gewarnt: „Geht da net hie, die machen euch alle hie".

Mutter war trotzdem mit ein paar Leuten in die Stadt reingerannt. Dort hatten sie gesehen, wie ein paar SA-Männer die Juden aus den Häusern holten und auf Lastwagen trieben.

Es waren große starke Männer, keine von ihren Leuten, die sie gekannt hätten.

Einer der Söhne vom Juden habe der Mutter zugerufen: Frau S. helfen Sie mir doch". Da habe ein SA-Mann die Leute verjagt: „Weg da, mischt euch nicht ein, das geht euch nichts an".

Erlanger Beiblatt

der nationalsozialistischen Wochenschrift

Kampf

Verantwortlich:
Wilhelm Paulus, Erlangen

Für deutsche Freiheit und deutsche Kultur!

Nr. [redacted] Erlangen, den [redacted] Mai 19[redacted] Redaktionsschluß: Dienstag 18 Uhr

Baiersdorfer Brief

Lieber Kampf!

Dein Artikel über den Hans [redacted] und seine jüdische Frau hat uns eine große Freude bereitet. Er war den Baiersdorfern so recht aus dem Herzen geschrieben.

Es ist für dich und manchen unserer Bauern aus der Umgegend aber auch notwendig zu wissen, daß der Viehhändler Hans [redacted] nicht nur an seinem eigenen Bruder so niederträchtig gehandelt hat. Der Mann der Jüdin [redacted] wird niemals bestreiten können, daß er durch seine unerhörten Forderungen einen Bauern von Baiersdorf so gedrängt und gequält hat, daß sich dieser in seiner Verzweiflung aufzuhängen versuchte. Schon am Stricke hängend konnte der Unglückliche noch rechtzeitig entdeckt werden und so von einem schmählichen Tode gerettet werden.

Auch darüber wird das letzte Wort noch nicht gesprochen sein. Wie der Jude überall da sich einzudrängen weiß, wo er aber auch gar nichts zu suchen hat, erweist sich bei uns in Baiersdorf daraus, daß der **einzige** wahlberechtigte Jude im örtlichen Wahlausschuß zu finden ist.

Ein größerer Verderb als die plattfußelnden Juden sind für unseren Ort ihre „lieblichen" weiblichen Rassegenossinen.

Ein Bastard, die Tochter Luise des deutschen Hans [redacted] und der Jüdin [redacted] hat es fertig gebracht einen ehemals deutschbewußten jungen Mann von Baiersdorf, namens [redacted] sich hörig zu machen. Mit Abscheu stellen wir fest, daß er der Bräutigam dieser Judenstämmigen geworden ist. Wir wollen hoffen, daß der Deutsche [redacted] ehe es zu spät ist, sich auf seine Art besinnt und dem Drängen seines Inneren das ihn bisher von dem letzten Schritt abzuhalten schien, nachgibt. Im kommenden Reich

sind derartige rasseschändende Verbindungen vollkommen unmöglich. Wer es also jetzt noch wagt die Stimme seines Blutes zu verachten, der trage in kommenden Tagen dann auch den Fluch einer verlorenen Rasse, das Kainsabzeichen seiner Minderwertigkeit als Schandmal auf der Stirne. **Judengenossen haben kein Recht in einem neuen Deutschland.**

Von unserer schönsten Jüdin, lieber Kampf, habe ich dir noch nicht berichtet. Die Freude will ich dir ein ander Mal bereiten. Verraten will ich dir nur, daß sie Frau [redacted] heißt und die Schwester der vorhin genannten Luise [redacted] ist.

Dein Nazi.

Kauft nicht beim Juden!

Aus „Kampf“ ... Erlanger Beiblatt der nationalsozialistischen Wochenschrift, Erlangen, 1932

(Anmerkung: Personennamen wurden unkenntlich gemacht, d. Red.)

Es gibt aber auf der andern Seite, am unteren Ende der Begabungs- und Gesundheitsschichtung, leider auch zahlreiche kranke, belastete, minderwertige Erbstämme (Familien), die aus ihrem höchst unerwünschten Kinderreichtum die Nation immer wieder mit Säufern und Gewohnheitsverbrechern belasten, ja schließlich überwuchern können. Hier heißt es, mit wahrer Menschlichkeit den — fast immer ungewollten — Kinderreichtum dieser unglücklichen belasteten Familien einzuschränken und solche ewigen Quellen des Unglücks gleich im Entstehen zum Versiegen zu bringen.

Aus: „Westermanns Monatshefte“, Jg. 1934

Krieg

Die älteren Söhne der Familie A. gehörten zu den ersten, die eingezogen wurden. Sie fielen innerhalb eines Monats, kurz hintereinander.

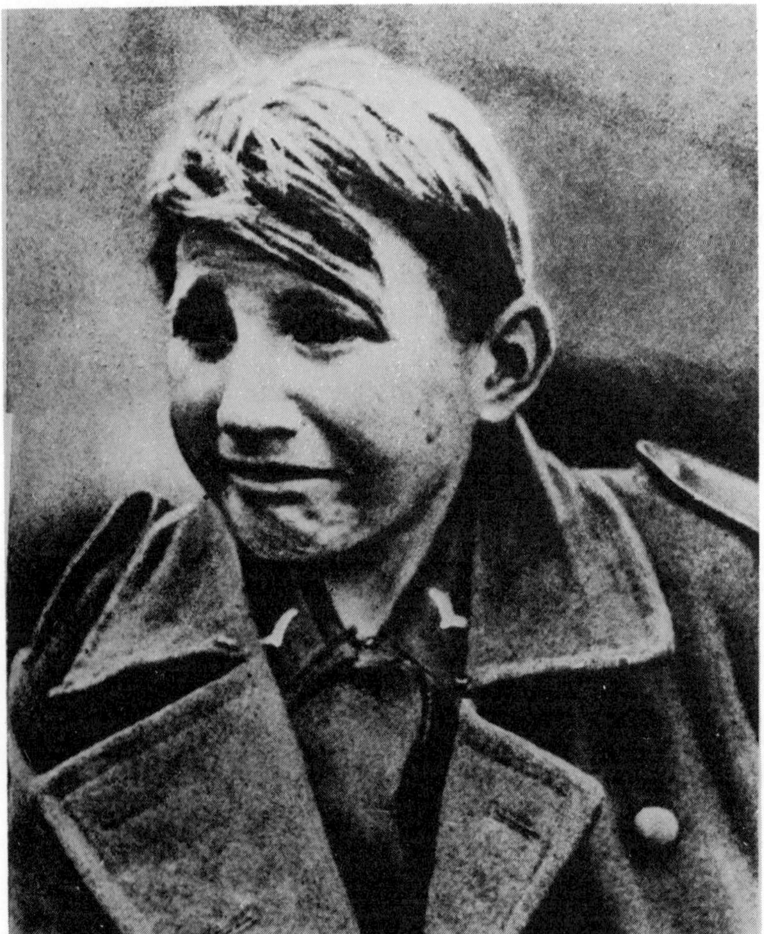

Hitlerjunge, 1945